本书是贵州大学人文社科课题《刑事被害人人权的国家保障义务研究》的研究成果（项目编号 GDYB2014005）

本书的出版得到了贵州大学法学院的资助

竞技足球犯罪中的被害人研究

刘莉　著

知识产权出版社

全国百佳图书出版单位

图书在版编目（CIP）数据

竞技足球犯罪中的被害人研究 / 刘莉著 . — 北京：知识产权出版社，2018.12
ISBN 978-7-5130-5788-2

Ⅰ . ①竞… Ⅱ . ①刘… Ⅲ . ①足球运动 — 竞技体育 — 刑事犯罪 — 预防犯罪 — 研究 Ⅳ .
① D914.399.4

中国版本图书馆 CIP 数据核字 (2018) 第 191552 号

内容提要

本书选取了竞技足球犯罪中比较有代表性的几种被害人主体进行研究和探讨。分为理论篇和各论篇两部分来展开论述。理论篇主要介绍与本研究有关的一些概念和理论，界定了竞技足球犯罪被害人概念；竞技足球犯罪被害人的分类及其标准；竞技足球犯罪被害人的特征。各论篇重点介绍竞技足球犯罪被害人中比较典型的主体，包括足球俱乐部、足球运动员和足球球迷等几类被害人主体。目的在于从被害人角度探讨有效预防竞技足球犯罪被害的方法和措施。

责任编辑：王　辉　　　　　　　　责任印制：孙婷婷

竞技足球犯罪中的被害人研究
JINGJI ZUQIU FANZUIZHONG DE BEIHAIREN YANJIU
刘莉　著

出版发行：知识产权出版社有限责任公司　　　网　　址：http：//www.ipph.cn
电　　话：010 — 82004826　　　　　　　　　　　　　　　　http：//www.laichushu.com
社　　址：北京市海淀区气象路 50 号院　　　邮　　编：100081
责编电话：010-82000860 转 8381　　　　　　责编邮箱：wanghui@cnipr.com
发行电话：010-82000860 转 8101　　　　　　发行传真：010-82000893
印　　刷：北京中献拓方科技发展有限公司　　经　　销：新华书店及相关销售网点
开　　本：720 mm×1000 mm　 1/16　　　　　印　　张：13.25
版　　次：2018 年 12 月第 1 版　　　　　　　印　　次：2018 年 12 月第 1 次印刷
字　　数：260 千字　　　　　　　　　　　　定　　价：65.00 元
ISBN 978-7-5130-5788-2

目　录

绪　论

一、选题的缘起

中国是一个尚待开发的足球大市场，潜力是巨大的。足球所具有的商业价值及市场功能已完全突破了传统意义上的体育范畴。由于体育法及相关法律制度不够健全，体育竞赛管理制度不够严谨，加上一些与体育竞赛相关的单位或个人的逐利动机，致使在竞技足球竞赛中出现了诸如"假球、黑哨"等不良现象。它不仅破坏体育最基本的公平竞争原则，也侵害参赛主体、消费主体等的合法权益，给竞技足球运动造成了极坏的影响，严重制约着竞技足球运动的发展。"假球、黑哨"等行为触犯刑律，必然产生犯罪被害人。全面深入研究竞技足球犯罪被害人主体及其特征、被害人被侵害的权利，被害人的被害性，从被害人角度寻找预防竞技足球犯罪的对策正是本课题研究的缘起。

二、选题的意义

竞技足球犯罪被害人的研究是竞技足球犯罪原因研究的一个侧面，是揭示竞技足球犯罪原因全貌不可缺少的部分，它从犯罪人和犯罪被害人两方面研究犯罪原因，改变了目前体育犯罪研究只从犯罪人单一方面研究而造成的对犯罪原因研究的片面性。国内学界当前对竞技足球犯罪的事实学研究基本上是围绕犯罪人进行的，遵循的是一元的静态的研究范式，即通过考察导致犯罪人实施竞技足球犯罪的制度、文化，以及个人性因素，并从社会、法律、个人角度构筑控制竞技足球犯罪的对策体系，至于被害人在犯罪中扮演何种角色、对犯罪产生的影响则没有引起学界足够重视。本研究采用被害人学研究范式研究竞技足球领域的犯罪被害现象，在对竞技足球犯罪被害人进行研究的基础上，从竞技足球犯罪被害人的角度展现犯罪的真相，揭示竞技足球犯罪被害人的相关被害特征，考察被害人被侵害的权利，研究被害发生的促成性因素，以及被害人对其自身责任的认知，最后从被害人角度讨论竞技足球犯罪的被害预防，力图从被害人角度构筑控制和预防竞技足球犯罪被害的对策体系。

三、选题的研究内容与方法

（一）研究的内容

中国竞技足球职业化发展起步较晚，足球是一个自治的行业，司法对竞技足球职业化过程中出现的犯罪现象的介入比较晚，本书将从被害人主体及其特征、被害人权利、被害人的被害原因，以及被害人的被害预防等方面对竞技足球犯罪中的典型被害人进行研究，找到其被害的发生和发展规律，以促进中国竞技足球的健康发展。

（二）研究的方法

本书以竞技足球犯罪被害人这一特定社会现象为研究对象，通过各种具体方法对竞技足球犯罪被害人主体及其特征、被害人权利、被害人的被害原因和被害人自身的被害预防进行分析，以找出其发展规律，帮助司法实务部门制定刑事政策，更好地预防和打击竞技足球犯罪。

1. 文献分析法

文献分析法主要指搜集、鉴别、整理文献，并通过对文献的研究，形成对事实科学认识的方法。文献分析法是一项经济且有效的信息收集方法，它通过对与工作相关的现有文献进行系统性的分析来获取工作信息。一般用于收集工作的原始信息，编制任务清单初稿。在本研究的论证和设计过程中，收集和查阅了竞技足球犯罪被害人研究相关方面的文献500余篇，专著50余部。

2. 内容分析法

内容分析法是一种对于传播内容进行客观、系统和定量的描述的研究方法。其实质是对传播内容所含信息量及其变化的分析，即由表征的有意义的词句推断出准确意义的过程。内容分析的过程是层层推理的过程。本课题就是在笔者分析收集的相关文献资料和专著内容的基础上得出了最后的结论。

3. 归纳对比法

归纳法是指把具体个别的事物，分别加以综合，从而获得一般结论的方法。所以，在逻辑学中，一贯把从个别走向一般的思维形式称为归纳。对比则是通过对不同事物的比较，寻求其同中之异或异中之同的研究方法。归纳对比法综合运用，可以把零散的、不成系统的知识系统化、理论化，还可以通过比较，找出事物的相同点和不同点，把相近的事物区分开来。本书将现有研究中与中国足球协会、足球俱乐部、足球运动员和球迷有关的各种零散的研究理论系统化和理论化，并通过比较找出上述被害人被害原因的共性和个性，寻求预防和控制竞技足球犯罪的方法和策略。

4. 定性与定量的方法

定性研究主要是对社会现象的理解、描述与解释。定量研究则是运用数据、统计等手段来验证社会理论、推理和演绎，是对社会现象的数量特征、数量关系与数量变化的分析。"定量"与"定性"问题实际上是两种思维方式的争执。在本研究中采取合理的"定性"和"定量"比例的搭配，将两者有机结合起来，配合使用，以达到系统、全面、科学地认识竞技足球犯罪被害规律，达到预防和控制竞技足球犯罪被害的目的。

理论篇

第一章 竞技足球犯罪被害人概念界定

明晰的概念对任何一个探讨问题的初级阶段来说都是最重要的，要对问题作进一步的研究，准确地定义概念是必需的。概念是人们通过实践，从对象的属性中抽出特有属性概括而成的，它是一种思维形式，反映了对象的特有属性❶。概念能够消除研究人员之间的误解并促使研究者达成共识，它不仅是理论的原点，更重要的是它搭建了一个研究人员可以进行良好沟通的对话平台。因此，厘清与竞技足球犯罪被害人研究相关的各种概念是进行本研究的出发点。

第一节 竞技足球犯罪概念概说

一、竞技足球犯罪概念

竞技足球是指在全面发展身体，最大限度地挖掘和发挥人在体能、心理、智力等方面潜力的基础上，以提高足球运动技术水平和创造优异成绩为主要目的的一种运动过程❷。随着竞技足球的长期发展和一些犯罪行为的发展，"竞技足球犯罪"这一术语就逐步产生了。而对于犯罪概念，我们通常有两种界定：①犯罪学上的界定：犯罪应当是严重侵害人类最大多数人最大幸福的行为，这种定义从实质意义上回答为什么将某行为界定为犯罪。②刑法学上的界定：犯罪是触犯刑律的应受惩罚的行为，这种定义从形式意义上区分了哪

---

❶ 夏征农.辞海［M］.上海：上海辞书出版社，1990.
❷ 全国体育院校教材委员会.运动训练学［M］.北京：人民体育出版社，2008.

些行为是犯罪行为。从犯罪的特征上来看，刑法学中研究的犯罪必须具备社会危害性、刑事违法性和应受处罚性三个条件，而犯罪学中的犯罪只需具备社会危害性即可❶。

由于各国、各地区的政治、经济、文化等情况的不同，人们对犯罪这种非常复杂的社会法律现象会有不同的体察和理解。我国对竞技足球犯罪的研究起步较晚，目前还处于起步阶段。竞技足球犯罪研究中的争议焦点一直是竞技足球犯罪概念。科学界定竞技足球犯罪基本内涵是作为体育学与犯罪学、刑法学交叉的新型领域的研究前提。刑法学和犯罪学关于犯罪概念的研究成果是对竞技足球犯罪概念界定的最大支持。

本书认为，确认竞技足球犯罪概念原则上应遵从于犯罪的法律定义，但又不能严格受制于刑事违法性要素，必须对竞技足球犯罪外延进行扩张。因为在竞技足球领域存在着大量的比如观众暴力、滥用兴奋剂、假球等具有严重社会危害性的越轨行为，如果竞技足球犯罪概念严格受制于刑事违法性要素，不将这部分极易引发犯罪发生的越轨行为纳入竞技足球犯罪研究，将不利于竞技足球犯罪的法律治理。而犯罪学是一门事实学，它是以客观存在的社会危害事实为依据来确定犯罪，而不管这种事实是否被刑法规定为犯罪。更为宽泛的犯罪概念被大多数的犯罪学家使用。除刑法明文规定的犯罪行为外，一般的违法行为、准犯罪行为和一些越轨行为也是犯罪学意义上的犯罪概念。因此，本书将在犯罪学意义上界定竞技足球犯罪这一概念。

另外，学者们对竞技足球犯罪在其内涵和外延上从不同的角度有不同的理解，概括起来有如下几种观点：①主体说。认为竞技足球犯罪是参与其中的人进行的犯罪。该说以犯罪主体为标准，认为凡是竞技足球活动的参与者所为的犯罪就是竞技足球犯罪。②范围说。认为竞技足球犯罪是竞技足球范围内的犯罪行为。该说以竞技足球范围为标准，将犯罪限定在竞技足球领域之内，凡是在这个领域当中发生的犯罪行为就是竞技足球犯罪。③关联说。竞技足球犯罪是与竞技足球有关的犯罪行为。该说以行为是否与竞技足球有关为标准，凡是跟竞技足球有关联的犯罪都是竞技足球犯罪。

---

❶ 当然这种社会危害性的程度也是有着一定的程度上的限制。

本书对竞技足球犯罪概念的界定采用的是犯罪学意义上的犯罪概念，赞同范围说。范围说认为：竞技足球犯罪是发生在竞技足球范围内的犯罪行为。因此本书认为，竞技足球犯罪就是指所有竞技足球运动参与者在参与竞技足球运动过程中实施的刑事法律规定的犯罪行为和具有严重社会危害性的越轨行为。

二、竞技足球犯罪概念的内涵

（一）竞技足球犯罪发生在正式比赛中

竞技足球犯罪是发生在正规的、有组织的、一定级别的竞技足球比赛中，而不是各单位自行组织的业余性质比赛中发生的犯罪活动。这是由竞技体育所具有的特点决定的，而且竞技足球犯罪必然强调与竞技足球比赛之间的密切关联性，只有在正式的竞技足球比赛中才存在着真正的对抗、利益和社会认可等问题，因而也才可能存在竞技足球犯罪。

（二）竞技足球犯罪发生在比赛的全过程中

"竞技足球比赛全过程中"是指围绕着竞技足球比赛，包含竞技足球比赛的赛前、赛中、赛后而展开犯罪的全过程，而并非局限于比赛的过程中，因为除了有一部分行为是伴随比赛的进行而出现的，比如赛场暴力行为，还有很多竞技足球犯罪行为可能在赛前或赛后实施，比如兴奋剂行为、贿赂行为等。

（三）竞技足球犯罪的主体范围广

竞技足球犯罪的主体包括竞技足球的直接参加人和利害关系人。具体而言，竞技足球运动的直接参加人包括参与竞技足球运动的运动员、教练员、裁判员。利害关系人是指与竞技足球比赛有关的体育经纪人、足球俱乐部、足球管理部门的行政官员、足球组织的工作人员，以及观众等。

三、竞技足球犯罪概念的外延

竞技足球犯罪概念的外延较大。它包括两类行为，一是指现有刑事法律中明确规定的犯罪行为（比如足球贿赂），二是指竞技足球越轨行为。本书中所称的这种竞技足球越轨行为是具有严重的社会危害性，但因某种原因而在现行刑事法中没有规定为犯罪的其他行为。当然这里要求的是"严重"的社会危害性，而非轻微社会危害性，即在本书中把具有轻微社会危害性的竞技足球越轨行为排除在竞技足球犯罪行为之外。

（一）刑事法律中规定的犯罪

1.足球贿赂行为

其包括"假球""假打""假摔"和"黑哨"等行为。前者是指运动员或教练员被诱惑、贿赂而没有赛出真实的竞赛水平，或两个或两个以上的竞技相关者，恶意串通，密谋协议，通过串通、合谋行为排挤其他竞争对手使自己人或某队获取出线权或物质精神利益的行为。后者是指裁判员接受他人的贿赂而故意漏判、错判造成比赛结果失真的行为；或受行政部门、体育团体领导的指示或受政治、亲情等因素影响，不依裁判规则、技术规范，不持公正中立立场，枉法裁决给相对方造成一定损害的行为。

竞技足球中最经常出现的不正当竞争行为一般是竞技足球贿赂行为。竞技足球贿赂行为是在竞技足球中的危害最严重，是违反体育竞赛的公平原则，挫败对手的最不光彩的秘密武器。行为人在主观上是故意的；采取的手段就是用财物，如现金、实物或者给付除了财物以外的其他利益的手段，如提供国内外各种各样的名义的旅游、考察或其他高级招待等实惠进行贿赂；目的是为了击败对手，获取入围资格或者是高额奖金，即达到名和利双丰收的目的。

竞技足球贿赂行为与一般的商业贿赂行为略有不同。竞技足球贿赂行为并不是在市场交易的活动中实施，而是在竞技足球活动过程中进行；贿赂实施的目的并不是占领市场，而是获得竞技足球项目的相关入围资格或高额奖金；商业贿赂行为其表现形式就是行贿，受贿当然可以成为其共谋，但不属于这种不正当竞争行为的主体，因为这样做的目的是在获得好处，而不是为了占领市场；而竞技足球贿赂行为的表现形式既是行贿，也包含有受贿行为，行贿者和受贿者都应当属于不正当竞争行为的主体，因为受贿者让行贿者入围是故意的，可能损害其他竞技足球队的名次或参赛机会。行贿或受贿行为都非常有可能损害第三者的利益，行贿者或受贿者都是不正当竞争的主体。因此，竞技足球贿赂可能会让那些足球水平低的队入围，排挤了足球水平比较高的队，严重破坏了竞技足球公平竞争的竞赛规则。在 2012 年中国足球反腐风暴中，实施了触犯刑律的贿赂行为犯罪人被以非国家工作人员受贿罪和向非国家工作人员行贿罪以及受贿罪和行贿罪的罪名实施处罚。

2. 赛场暴力行为

赛场暴力是指在竞技足球比赛的过程中，基于行为人的故意，实施冲撞或其他已经超出了社会所能容许的危险范围的伤害行为。或者是为了获得胜利而对强有力的竞争对手或对方主力队员故意造成伤害，使其竞争力遭到削弱甚至失去，以此达到获得胜利的目的。赛场暴力如果触犯刑律，应当受到刑法处罚。

3. 赌博行为

竞技足球赌博是指以竞技足球比赛的结果作为评判输赢标准的一种赌博方式。是随着体育产业的发展而新兴的一种赌博方式。竞技足球赌博与传统的赌博在本质上并无二致。只是在手段和具体的实施方面更具有隐蔽性。以合法的契约形式掩盖了非法的占有他人财产的目的，满足其不劳而获的扭曲心态。

4. 偷窃、泄露体育情报或技术秘密的行为

竞技技术秘密或情报是指权利人采取保密措施而不为公众知悉，能给竞技体育经营者带来经济利益或使参赛者获得入围资格，且有实用性的技术信息和技战术内容❶。一般来说，它包括对运动员个人技术特长及弱点进行分析的资料，发挥某种运动技术水平的诀窍、训练的技巧，对所有参赛对手技术水平好坏进行技术分析的报告及相应对策，对具体对手实施的攻防技战术等。

---

❶ 张厚福，张新生．竞技体育反不公平竞争行为的研究［J］．武汉体育学院学报，2008，42（8）：34.

侵犯竞技秘密的行为一般是指行为人以不正当手段获取、泄露或使用他人竞技秘密的行为，其最终目的是为了获得胜利（高额奖金或入围资格）。如内部人员为了牟利或报复的目的而盗窃竞技秘密转卖或泄露；外部人员（如竞争对手）盗窃竞技秘密，在与权利人进行竞争时就能获得优势和主动；了解或掌握竞技秘密的有关人员，未经他人同意泄露或允许他人使用此项秘密；知悉他人的竞技秘密后，没有得到权利人许可，擅自在公共媒体上进行宣传、泄露该项竞技秘密从而使其失去实用价值；明知第三者掌握的竞技秘密是以不正当手段获取的，仍然想方设法占为己用或泄露该秘密从而获得某种优势或利益；管理机构的工作人员，违反法律法规，未经权利人同意将其在工作中获得知悉的竞技秘密泄露给外界；用高薪策略来鼓动竞争对手的教练员、运动员、技术人员或相关人员从原单位退职、辞职后聘用等。偷窃、泄露体育情报或技术秘密的行为如果触犯刑法，应当受到刑罚处罚。

（二）竞技足球越轨行为

本书中所称的这种竞技足球越轨行为是具有严重的社会危害性，但因某种原因而在现行刑事法中没有规定为犯罪的其他行为。

1. 使用兴奋剂的行为

竞赛运动员应用任何形式的药物或以非正常量或通过不正常途径摄入生理物质，企图以人为的不正当的方式提高他们的竞赛能力即为使用兴奋剂。竞技比赛中，胜败的差距常常就是以厘米或千分之几秒或几个球来计算，为了在比赛中战胜自己的对手获得金牌，除采取各种训练手段用以提高运动能力以外，也有人将药物利用作为提高成绩的强壮剂。从伦理道德上来说，药物的滥用违反了竞技体育运动基本的公平竞争的原则，同时也损害了使用兴奋剂运动员的身体健康，给社会带来了不可估量的严重危害性，因而受到体育界、舆论界、法学界等的一致普遍反对。使用兴奋剂的行为如果具有严重社会危害性，应当以犯罪论处。

2. 竞技场上的虚假行为

竞技场上的虚假行为是指在竞技体育中，以获得参赛资格或取得更好成绩为目的，通过各种非法手段在身份、年龄、体重上弄虚作假的行为。如隐瞒运动员真实的身份，请非本地区或本行业的队员参加本地区或本行业竞赛，谎报队员的年龄，让青年队员去参加少年级别比赛，让成年队员去参加青年级别比赛；在举重、拳击比赛中又采取不正当手段假报队员的体重参加低级别的竞赛。男女运动员因性别差异因此在身体耐力、力量、速度、抗击打能力、心理承受能力等各个方面都有着很大区别，所以让男运动员假冒女运动员参加为女运动员设置的项目，在性别上搞偷梁换柱，对相对方的女运动员构成不正当竞争。上述行为如果严重损害中国竞技体育的形象、制约中国竞技体育的发展，具有严重的社会危害性，就应当将上述行为作为犯罪行为予以处罚。

3. 其他违规违纪违法行为

如体育经纪人的越轨行为，以过激言行攻击相对方队员、制造不负责任的虚假新闻、在竞赛裁决中采用双重多重标准等[1]。这些违规违纪违法的行为一旦造成严重危害社会的结果，就应当将其作为犯罪行为实施处罚。

第二节　竞技足球犯罪被害人概念概说

犯罪学是一门事实学，它是以客观存在的社会危害事实为依据来确定犯罪，而不管这种事实是否被刑法规定为犯罪。刑法学的规范学特征注重法律规范对行为的评价关系，没有法律就没有犯罪行为。大多数的犯罪学家使用更为宽泛的犯罪被害人概念。除刑法明文规定的犯罪行为被害人外，一般的违法行为、准犯罪行为和一些越轨行为也能产生犯罪学意义上的犯罪被害人概念。

犯罪被害人概念或含义处于社会环境和时代背景的流变中。世上没有绝对的犯罪被害人概念。而犯罪学研究犯罪被害人更重要的是为了预防犯罪被害和减少犯罪被害人，并不仅仅是为了研究犯罪被害人的概念。犯罪学必须研究与法定犯罪有密切联系的其他一些社会越轨行为造成的被害人，所以它

---

[1] 全国人民代表大会常务委员会.反不公平竞争法［Z］.1993-09-02.

仅仅研究刑法规定的犯罪是远远不够的。因为起着诱发犯罪或者直接转化为犯罪作用的越轨行为也能产生被害人。因此，较之刑法学意义上的犯罪被害人，犯罪学意义上的犯罪被害人会更深入地探讨竞技足球犯罪被害人的实质意义，更能通过犯罪规律找到预防被害和保护被害的途径。

一、竞技足球犯罪被害人概念

本书采用主动式的定义方式即"法益——持有人"结构对竞技足球犯罪被害人下定义，认为，竞技足球犯罪被害人是与竞技足球犯罪人或者说竞技足球犯罪行为相对应而存在的一方，是"犯罪所侵犯法益的持有人"。这里的"人"不仅仅指自然人，还包括国家、法人和其他组织。一般认为，当自然人、法人（单位），以及国家的正当权益遭受犯罪侵害时，他们就成了犯罪学意义上的犯罪被害人。

这种定义方式与传统被动式定义方式略有不同，传统的定义方式是对被害人以"损害后果——承受者"结构这种描述性定义的说明方法来为被害人下定义的。传统的定义方式将犯罪被害人描述性地概括为"犯罪行为所指向的犯罪损害后果的直接承受者"，该定义应用到竞技足球犯罪领域则不够严谨、恰当，比如，"损害后果"按照一般的理解是指一种实体或实体性权利，对于传统类型的凶杀、盗窃犯罪比较容易理解，分别指生命权利和财产损失，但对于竞技足球犯罪来说，损害后果并不容易找到或者具体化。比如竞技足球赌博、竞技足球中兴奋剂的使用等犯罪种类，在这些犯罪中，行为人之间是自愿的关系，并没有明显的受害人，也很难说有损害发生；又比如，在以抽象的社会经济管理秩序作为侵犯对象的竞技足球贿赂犯罪等罪名中，不仅很难将这种损失进行具体量化，也很难确定合适的损害后果承受者。

因此，本书采用了主动定义方式，其优点就在于可以全面解决上面描述性定义中的不足和缺陷。法益侵害是犯罪的法律本质，有犯罪则必有法益受到侵害，有法益必有其法益持有人，这就避免了竞技足球犯罪中赌博行为、使用兴奋剂等"无被害人"或"犯罪人与被害人同一"等情形下的尴尬；并且法益可以通过一定方法加以确定，可以为进一步量化提供依据。因此，本研究采用了主动式定义方法定义竞技足球犯罪被害人概念。

二、竞技足球犯罪被害人概念的内涵

综合上述观点，可以从以下几个方面对竞技足球犯罪被害人概念进行理解。

（1）竞技足球犯罪被害人总是与犯罪人相对立而存在于竞技足球犯罪之中，无犯罪则无被害，有犯罪则必有被害，二者互为矛盾的双方，相互作用，缺一不可。

（2）在竞技足球犯罪中，被害人是受侵害法益的正当持有人；例如享有公平竞争权的足球俱乐部和享有公平竞赛权的运动员可能成为竞技足球贿赂犯罪的被害人，国家作为社会秩序的维护者可能在竞技足球所有犯罪中成为被害人。

（3）竞技足球犯罪被害人是犯罪损失的直接承受者，并且这个损害是犯罪行为所直接指向的，这是一个描述性表述，目的在于区分直接被害人和间接被害人，避免研究范围的无限扩大化和抽象化。

（4）同一犯罪可能同时存在多个或者说多层次的被害人，国家在作为被害人时更为特殊，这一点将在后面部分具体讨论。

三、竞技足球犯罪被害人概念的外延

从外延来说，既然肯定被害人是危害结果的担受者，则一切遭受犯罪侵害而承担危害结果的"人"，均属被害人，因此认为被害人的外延应当包括自然人、法人以及一定条件下的国家与社会整体本身、抽象的制度，乃至于信念、信仰等[1]。虽然实践中大多数被害人学理论研究和实证调查都主要以个体的被害人作为考察对象，我国的相关专项研究也是如此，将犯罪对象界定为遭受犯罪侵害的自然人。应当说这是一种不得已的做法，并不意味着被害人只能是个体的自然人。被害人学以现实中的问题为逻辑起点，最初从研究具体犯罪中被害人所扮演的角色发端，随着社会的不断发展而扩展自己的研究领域，比如竞技体育犯罪就是一种非规范的复合犯罪类型，它导致被害人概念也相应复杂化，所以，本研究认为，应当将广义的被害人包含在被害人的

---

[1] 许章润. 犯罪学 [M]. 北京：法律出版社，2004：118-120.

研究中。

（一）关于国家被害人的问题

关于国家是否属于犯罪被害人的范围，学术界存在较大争议。但越来越多的学者认为应将国家作为犯罪被害人的一种特殊形态纳入研究视野。凡是享有权利与履行相应义务的法律实体都可能成为被害人，被害人学都应当将其列入研究范畴之内❶。笔者同意这样的主张。

1. 犯罪被害人双层次说

刑法法益即刑法规范所保护的利益，是犯罪的法律实质。从横向结构来看，可以分为个人法益和超个人法益，后者又可以细分为国家法益和社会法益。从纵向结构来看，刑法法益呈现出三个层次，即刑法法益、同类法益和具体法益。这三个层次之间是彼此包涵与被包涵的关系。❷ 所有具体犯罪都首先是侵犯国家刑法法益的行为。张明楷教授指出，法益实际上就是我国刑法理论上所说的客体。按照我国刑法理论的通说，犯罪客体是刑法所保护的而为犯罪行为侵犯的（社会主义）社会关系，但"社会关系"相对于"法益"而言在解释力、法律依据等诸多方面存在不足。本研究根据法益理论，赞同犯罪被害人双层次说：宏观层面而言，国家作为刑法法益的持有人是所有犯罪恒定的被害人；微观层面而言，每一个具体的犯罪都存在所侵害法益的持有人。

（1）刑法法益的持有人。犯罪从本质上而言是对刑法法益的侵害，国家作为刑法法益的持有人是当然的受害者。在任何一起犯罪案件中，作为社会公共利益代表的国家是恒定的被害人，并因此享有追诉犯罪和报复犯罪人的权利，这种权利由于国家的特殊地位和力量转化为一种针对犯罪人的权力。因此，同时作为立法者、追诉者和裁判者的国家还需要完成对犯罪人给予自身损害的报复或者回复，对于犯罪人而言具有天然的谴责倾向和优势地位，国家处于维护社会秩序和公共价值的存在正当性根据又具有客观评价犯罪责任分配的义务，必须承担更高标准的责任，接受民主宪法的规范，通过对国

❶ 汤啸天. 对国家被害的初步研究［J］. 江苏公安专科学校学报，2001（2）.
❷ 丁后盾. 刑法法益结构论［M］// 杨春洗. 刑法基础理论研究. 北京：法律出版社，2001.

家行为加以法制约束以防止刑罚权力的滥用继而体现出刑罚的公正、谦抑性和人道三大价值属性。作为恒定的被害人的国家是从宏观意义上而言的，与抽象的犯罪概念相对应，有犯罪则必有国家受害。但当讨论具体的犯罪以及其中的犯罪人和被害人时，主要应当在微观层面关注具体法益及其持有人，只有这样才能更好地理解犯罪的发生和作用机理，在全面认识犯罪的基础上预防和控制犯罪。

（2）具体法益的持有人。除却抽象意义的国家被害人之外，具体犯罪另有其直接的被害人，也就是法益所具体依附的主体，既可能是自然人或法人组织，也可能是国家❶。贝卡利亚1764年在《论犯罪与刑罚》中根据犯罪所侵犯法益的不同提出来侵犯个人法益、社会法益和国家法益的犯罪分类思想❷，这种分类方法为后世刑法学者广为接受并成为刑事立法体例中的指导性的分类方法。个人法益的持有人包括自然人、法人或其他组织，国家法益的持有人在实践中往往体现为代表国家的行政机关或司法机关，而社会法益的持有人并不易直接得出明确的答案。美国法学家庞德关于利益分类的观点❸值得借鉴，他认为利益可以分为个人利益、公共利益和社会利益三大类别，其中公共利益又可以分为两类，即　国家作为法人的利益，以及国家作为社会利益捍卫者的利益，依此后一种理解，国家是社会利益的捍卫者，社会利益仍以国家作为持有人。

依据具体犯罪所侵害法益的数量，可以区分单益侵害犯和多益侵害犯❹，前者犯罪所侵犯的是单一法益，而后者则同时侵犯多重法益，这就意味着同一犯罪行为可能导致同时出现多个直接的被害人。比如竞技足球贿赂犯罪，除了足球俱乐部和运动员，以及观众球迷的相关权利受到侵害以外，国家也

---

❶　这里所提到的国家与前面宏观意义上的国家虽然实质上相同，但运用层次和领域不同，指的是具体国家法益的持有人，是在微观层次、实体意义上加以使用的。

❷　贝卡利亚.论犯罪与刑罚［M］.黄风，译.北京：中国大百科全书出版社，1993.

❸　个人利益是直接从个人生活本身出发，以个人生活名义提出的主张、要求和愿望。公共利益是从政治社会生活角度出发，以政府组织社会名义提出的主张、要求和愿望。社会利益是从社会生活角度出发，为维护社会秩序、社会的正常活动而提出的主张、要求和愿望。每一种主张并不一定只属于一个范畴，同一主张可以以不同名义提出。沈宗灵.现代西方法理学［M］.北京：北京大学出版社，1992.

❹　李海东.刑法原理入门（犯罪理论基础）［M］.北京：法律出版社，1998.

是直接意义上的被害人。

对于上述犯罪被害人双层次论，中国台湾学者韩忠谟教授这样表述：法益必有其附丽之主体即法益持有人，法律保护各种法益，实系保护各该法益之持有人，当法益被侵害时，该法益之持有人即为被害人，故亦为犯罪之客体，依此见解，凡关于侵害国家法益和社会法益之罪，其直接受害人为私人，而间接受害人为国家，刑法上所谓被害人，指直接被害人而言，故此时又应以私人为犯罪之客体❶。在此将本研究的被害人定义修正为：竞技足球犯罪被害人即竞技足球犯罪所侵害竞技足球法益的持有人。本研究的被害人概念主要在这一意义上加以使用。

2.国家与作为犯罪被害人的国有单位之间的关系

我们需要进一步认识作为犯罪被害人的国家与作为犯罪被害人的国有单位的关系。国有单位包括国家机关，国家性质的公司、企事业单位和社会团体。那么何种情形下的被害人属于国家，哪种情形下的犯罪被害人属于这些单位呢？我们应对国家作为犯罪被害人的情形做出进一步具体分析。首先，国家的合法权利和权力可以分为两种情形❷：一种情形是国家以国家机关、国有企业和事业单位、社会团体的方式来具体管理和维护；另一种情形是仅靠宪法和法律法规的规范作用来体现和保护，没有第一种情形中具体地行使管理和保护职责的代理人。在国家成为犯罪被害人的情形中，大多属于第一种类型，如偷税罪；第二种情形较少，如侮辱国旗、国徽罪。显然，涉及国家作为犯罪被害人与国有单位作为犯罪被害人的情形就出现在第一种情形里面。在这种情况下应当如何看待两者之间的关系呢？以中国足球协会为例，本研究认为，中国足球协会在第一种情况下实质上就是国家的代理人，国家才是真正意义上的犯罪被害人。因此，国家可以成为竞技足球犯罪的被害人。但是，既然中国足球协会的存在本身就是代表和维护着国家的权力与权利，那么在这些权利和权力受到侵害的时候，这种侵害自然是通过中国足球协会体现出来的。因此，中国足球协会虽然不是真正意义上的犯罪被害人，但在这种情况下，应由中国足球协会充当相应的诉讼主体。这不仅取决于中国足球

---

❶ 韩忠谟.刑法原理［M］.北京：中国政法大学出版社，2002.

❷ 杜永浩，石明磊.论刑事被害人的界定［J］.湖北警官学院学报.2003（2）：17.

协会存在的根本意义，而且有利于迅速及时地实现对国家权利和权力的救济。

（二）法人组织被害人

不少学者指出，犯罪被害人包括"机关、团体、企事业单位""实体""法人""集体和群体"等。这些表述虽然不完全相同，但都认识到这些单位作为犯罪被害人的现实可能性和必要性。单位作为犯罪被害人的一种具体形态，不仅得到了犯罪被害人学者的承认，而且也为司法界的人士所关注❶。例如，有的学者从如何完善刑事诉讼的角度提出应当明确单位作为被害人的诉讼地位。其理由是：第一，被害单位在侵犯财产罪案件中的确是犯罪对象；第二，加强对被害人诉讼权利的保护是1996年修改刑事诉讼法的重要内容，这种保护也理应包括单位；第三，现行刑事诉讼法并未将单位排斥在被害人之外；第四，刑法已将单位作为犯罪的主体，即被告人，作为对应的另一面，单位也应该作为被害人；第五，自然人与单位成为刑事被害人应该是一个统一体，不管是个人还是单位，如果两者同样遭受犯罪行为侵害，只赋予自然人有犯罪被害人的诉讼地位和权利，而不确立单位有同样的地位和权利，显然是不公平的，也是矛盾的❷。

我们可以将这些具体的不同形态的法人和其他组织统称为"单位"❸。之所以如此，首先是基于我国的具体国情。单位在我国不仅是一种制度，更是一种实体。其次，单位不仅在具体范围上包括了不同形态的法人以及非法人单位，而且我国也已经在刑法典中确立了单位犯罪。既然单位可以成为犯罪人，同样也可以成为犯罪被害人。对单位形态的犯罪被害人需要明确的是，这里的单位仅指非国有性质的单位，即国家机关、国有公司、企事业单位、社会团体以外的单位。之所以应将国有性质的单位排除在单位之外，是因为在国有单位管理范围内的合法权益遭受犯罪行为侵害的情况下，这些合法权益的真正权利（权力）主体是国家。国家机关、国有公司、企事业单位和社会团

---

❶　杜永浩，石明磊.论刑事被害人的界定［J］.湖北警官学院学报，2003（2）：16.

❷　万海富.单位可否作为刑事诉讼中的被害人［J］.上海市政法干部管理学院学报，2000（1）.

❸　杜永浩，石明磊.论刑事被害人的界定［J］.湖北警官学院学报，2003（2）：16.

体只是这些合法权益的管理者和维护者。另外，目前存在大量的混合所有制性质的公司。这些公司资产中既有国家股，也有法人股和个人股。那么，在这些公司遭受犯罪行为侵害的情况下，应当如何确定犯罪被害人呢？笔者认为，由于该公司本身即为既定的法益主体，可以直接认为该公司本身即为某犯罪的犯罪被害人。在这种情形下，犯罪被害人的确定和犯罪主体的确定有所不同。例如，混合所有制公司中高级管理人员接受他人贿赂的行为是构成以国家公职人员为主体的受贿罪呢，还是构成商业犯罪中的公司企业人员受贿罪？显然，确定这种情形下的犯罪性质需要考察该公司的资产结构。但是，在确定犯罪被害人时，并不存在这一问题。

（三）自然人被害人

自然人形态的犯罪被害人，是犯罪被害人中最主要和最基本的形态。人们对犯罪被害人的关注最早也是从自然人形态开始的。相对于其他形态的犯罪被害人而言，人们对自然人形态的犯罪被害人的研究相对成熟。

第二章　竞技足球犯罪被害人的分类

许多犯罪学家和被害人学家为了研究的需要试图对被害人进行分类。由于他们分类的标准各异，于是出现了各种被害人的称谓。比如既然被害人、潜在被害人、一般被害人、特殊被害人、非特定被害人、无责任被害人、有责任被害人等数十种被害人称谓。固然犯罪被害人的范围很广，类型多样是客观存在的，但如果缺乏基本标准和科学性分类就会造成混乱。

第一节　一般犯罪被害人的分类标准

一、学者们的分类

（一）从被害人主体的自然特征的分类

被害人主体的自然特征有性别、年龄、职业等多种区分标准。对被害人主体进行区分是犯罪学以及被害人学等开展实证研究的一种基本方法。汉斯·冯·亨梯在其著作《犯罪人及其被害人》一书中，从"一般类型"和"心理类型"两个角度并排除一切法律规范意义上的标准，对被害人进行了分类，将被害人划分为11种类型：①未成年人；②女人；③老人；④存在精神缺陷的人；⑤移民、少数族裔或者迟钝的人；⑥抑郁型的被害人；⑦贪婪的被害人；⑧轻浮的被害人；⑨孤独的被害人；⑩暴君型的被害人；⑪穷困的被害人。

（二）以被害人责任为标准的分类

1. 门德尔松的分类模型

门德尔松将被害人划分为六类❶。其根据是在犯罪中被害人罪过（责任）的大小与犯罪人的罪过（责任）进行了比较。此分类方法至今仍然是最重要的被害人分类模型之一，影响较大。①完全无辜的被害人。这类被害人对于犯罪人的侵害行为没有表现出任何激发或促进行为。②有较小罪过的被害人，或称无知的被害人。这类被害人只是无意中使自己在被害发生时处于一个不利的境地。或者是因政策法律的缺陷而放任这种不利状况的存在。③与犯罪人具有同等罪过的被害人，或称自愿的被害人。这类被害人自发地参加了犯罪过程，典型的包括自杀、"无被害人犯罪"等犯罪类型。④罪过大于犯罪人的被害人。包括具有诱发性的被害人和轻率鲁莽的被害人。⑤具有最大过错的被害人，或称单方有过错的被害人。比较典型的例子是正当防卫情况中最初的攻击者。⑥伪装或假想的被害人。这一类型包括两种情况：一是因精神状态异常（如患有妄想症或歇斯底里症）而想象自身被害的被害人；二是伪装被害以误导司法机关的被害人。

2. 斯蒂芬·谢弗的分类模型

斯蒂芬·谢弗根据被害人的不同责任情况进行了区分并率先提出了犯罪中被害人的功能责任的概念❷。①无关联的被害人，指被害人与犯罪人没有任何关联。②诱发性的被害人。指犯罪人的犯罪行为是对被害人行为的一种反应。③促成性的被害人。被害人使自己处于存在被害危险的环境或状态。④体质虚弱的被害人。因为自己的年龄或体弱等生理原因成为犯罪目标的被害人。⑤社会关系不佳的被害人。因为与社会融入程度不够而成为犯罪目标的被害人，包括移民、少数族裔等。⑥自我伤害的被害人。主要指吸毒、卖淫、赌博等"无被害人犯罪"的情况。⑦政治性被害人。指因为反对当权者或者为了取得依附地位而导致自身受害的被害人。在上述分类中，谢弗分别对被害人所应负的责任进行了分析。其中第①、④、⑤、⑦四种类型的被害

❶ 侯安琪，王瑞君.国内被害人学研究及启示［J］.同济大学学报：社会科学版，2010（2）.
❷ 王瑞君.论被害人责任的刑法意义［J］.东岳论丛，2009（12）.

人完全没有责任。第⑥项属于被害人负全部责任。第②项下被害人应当与犯罪人分担责任。第③项下被害人应当承担一定程度的责任。

（三）以加害——被害互动关系为标准的分类

犯罪学家阿卜杜勒·法塔赫在《对被害人的犯罪学分类》一文中将被害人分为五个大的类别[1]：①非参与性被害人。此类被害人有两个显著特征，即对犯罪和犯罪人所持的完全否定或排斥态度，以及对于犯罪的发生无任何引发作用。②潜在的或有被害倾向的被害人。此类被害人多指因为体质或性格缺陷而相较常人更容易或更可能遭遇被害的人。③诱发性被害人。此类被害人对于犯罪的发生起到了一定作用，可能是诱发了犯罪，也可能是创造了一种有利于犯罪发生的环境。④参与性被害人。此类被害人积极参与正在进行的犯罪，帮助犯罪人使犯罪变得可能和容易。⑤虚假的被害人。此类被害人或者根本不是被害人，或者是自己行为的被害人。

二、本研究的分类标准

（一）对学者们分类标准的简单评价

按照科学研究的规范要求，判断一个概念的分类是否恰当，应当看其是否符合周延性和排他性两个标准，分类既要涵盖所描述的概念的全部外延，防止遗漏，各个类别之间又要相互排斥，避免重合。在学术界关于被害人分类的各种标准中，笔者认为存在比较多的问题：在周延性上，大多仅适用于针对自然人的犯罪，不能全面解释竞技足球犯罪这类新型的犯罪形式，在现代社会显示出其局限性；在排他性上，存在比较严重的相互重合，致使同一被害人可能从不同层面分属于不同的被害人类型。但也必须认识到尽管有很多不足，但学术界现有的这些分类方法启迪了人们的思想，开拓了以被害人为视角认识犯罪的新思路，很有价值。正如加罗法洛在其《犯罪学》一书中提出的自然犯罪与法定犯罪的著名区分一样，从来就没有能够将所有犯罪进

[1]　王海桥，吴邲光.刑法中的被害人基本理论界定［J］.广西社会科学，2011（3）.

行严格区分，在理论界也从来没有出现过对其统一的认识，但这种分类方法却为刑事法领域的理论研究和法律实践提供了很好的认识工具。"深刻的片面突破平庸的全面，因而在旧的全面面前，它是叛逆，是反动。但正是这种片面所引起的深刻，瓦解了人类的思维定式，促进了思想的成长。"❶

（二）本研究的分类标准——从所持有法益角度的分类

本研究写作的目的在于从被害人视角研究竞技足球犯罪的被害和预防，同时也为了便于在本书之后的论述需要，认为竞技足球犯罪被害人可以根据被害人主体持有法益的不同将其分为国家被害人、法人组织被害人和自然人被害人。这是一个大体符合规范的分类方法，尽管也存在一些片面之处，但本研究将在这种分类的基础上展开论述。

第二节　竞技足球犯罪被害人的范围

竞技足球犯罪被害人作为犯罪行为损害结果的承受者，其范围指的就是承受者的范围问题。有学者认为被害人包括犯罪危害结果的直接和间接承受者，与直接被害人具有某种利害关系的间接被害人可以与直接被害人构成"共同被害人"❷。与被害人范围相关的还有"人"的外延问题，广义而言这里的"人"包括了自然人、法人组织以及一定条件下的国家和社会本身。还有学者认为被害人包括"自然人、公共或私人企业、政府、机关、合伙企业或者未组成法人的联合体"❸。

本研究赞同上述关于被害人范围的界定，认为竞技足球犯罪被害人包括直接被害人和间接被害人，其中的"人"包括自然人、法人组织和一定条件下的国家。在竞技足球犯罪中，其被害人的范围包括：国家被害人（以中国足球运动管理中心即中国足球协会为其利益代表）、法人组织被害人［包括

---

❶ 陈兴良.刑法的启蒙［M］.北京：法律出版社，1998.

❷ 储槐植.犯罪学［M］.北京：法律出版社，1997.

❸ 薛波.元照英美法词典［M］.北京：法律出版社，2003.

足球俱乐部（投资商）、各级地方团体、相关媒体］，以及自然人被害人（球员、教练员、裁判员、管理人员和经纪人等足球联赛的主体人员和足球球迷群体）。本研究出于研究被害人自身被害预防的目的，同时为了避免将研究范围的无限扩大导致本研究的虚化、泛化和不具有针对性，只选取下列几种被害人类型作为本研究分析的样本。尽管这一研究范围的确定有不周延的嫌疑，但理论研究必须与社会实践相联系，为社会实践提供理论指导，所以笔者认为这种研究范围的选择也是可行的。

一、国家被害人——足球协会为其代表（足球运动管理中心）

中国足球协会是中华全国体育总会所辖的单项运动协会之一，是唯一的全国性足球专项体育社会团体法人，是由各省、自治区、直辖市足球协会、各行业足球协会及解放军相应的运动组织为团体会员组成的全国性、非营利性联合组织，是中国奥委会承认的奥运会项目组织和代表中国参加国际足联及亚洲足联的唯一合法组织。足球运动管理中心为国家体育总局直属事业单位，同时，又是中国足球协会的常设办事机构，具有对足球运动项目全面管理的职能。其主要任务是：贯彻国家的体育方针、政策，统一组织、指导全国足球运动项目的发展、普及与提高，并通过发展必要的经营活动，为项目积累筹措资金。实际上中国足球运动管理中心与足球协会是"一个机构、两块牌子"，对外主要以协会的身份处理与国际单项组织及各国各地区协会间的关系和业务往来；对内则根据中央编制委员会确定的基本原则，行使主管本项目的业务工作的权力，以事业单位的身份成为管理部门，并履行相关行政职能。

二、法人组织被害人——足球俱乐部（投资商）

各俱乐部作为承载职业足球竞技比赛的主体与实际参与者，其过于看重竞争而忽视合作的恶性博弈行为，导致了整体行业环境的恶化。表现在：投资缺乏理性论证，发展缺乏长期战略思考；投资动机不纯，希望通过足球为载体，以经营足球俱乐部为筹码，交换到地方政府诸如税收优惠、信贷额度等优惠；对成绩与名次的片面追逐，使得俱乐部本身有通过贿赂裁判、收买球员和拉派系等手段获取好成绩的原始冲动。由于中国足球协会监管不力，各俱乐部不择手段对名次展开追逐，联手制造"假球""黑哨""官哨"等，逼迫其他俱乐部跟进博弈，最后造成"多输"局面。

投资商屡屡严重影响俱乐部的稳定和可持续发展，进而影响足球事业的发展。没有良好的竞争秩序，体育产业必定不能健康发展，这最终将会危及我国体育事业的发展。当初开展得红红火火的职业足球联赛，在被假球、黑哨等丑闻和暴力流血事件充斥后，如今的中国足球超级联赛的冠名权更是到了卖不出去的地步，大部分比赛也是无人问津，"我们的联赛不仅没有创收，甚至产生巨大亏损，足球市场已呈萎缩之势，足球产业困境重重。"❶

三、自然人被害人

（一）联赛主体人员

具体包括球员、教练员、裁判员、管理人员和经纪人等。他们是产品的直接生产者，其自身命运与行业发展息息相关，本应是行业整体利益与秩序的最坚定维护者。一方面，联赛初期的巨大成功使他们成为短期利益的最大收获者，收入剧增。由于素质的匮乏，高收入使他们很难约束自己的行为，维护职业声誉。另一方面，由于竞技运动从业时间短、易受伤、高流动的职业特点，我国社会福利体系的不成熟，如球员工会尚未成立，球员合法权益遭受损害难以索赔等现实，许多从业人员为谋自身利益最大化而参与制造"虚假产品"，最终造成球迷的流失。联赛主体人员的利益主要表现为通过职业联赛来谋取经济收入、物质回报。于是，在利益驱动下，球员、教练员、裁判员通过参与比赛，在满足观众需求的同时实现自身的经济利益。球员、教练员的收入除了俱乐部发放的年薪和奖金外，在国际国内重大赛事中取得优异成绩后，赛事奖金、国家奖励和社会赞助（包括物质的和精神的）、广告收入等也数目可观。裁判在我国属于一项业余性质的工作，即除裁判工作之外大都有另外的职业，裁判工作的薪酬源于足球协会，因此与球员和教

---

❶ 张力.足球"黑哨"二元视角分析［J］.北京体育大学学报，2007（2）：25.

练员相比，裁判员所得报酬相对较少，加之某些俱乐部为片面追求成绩寄希望得到裁判员关键场次的"照顾"，所以经济利益与职业道德的天平逐渐倾向前者，于是，"黑哨"现象屡见不鲜，致使 2009 年司法介入后众多裁判涉案落网。因为研究篇幅所限，本书只重点讨论足球运动员作为竞技足球犯罪被害人的现象。

（二）足球球迷群体

球迷成为中国足球职业联赛生存的必要。他们的利益主要是通过观看比赛、获取自己喜爱的俱乐部的信息或参与相关活动来满足自身的物质、文化、精神需求。球迷不仅可以通过观看足球比赛来达到对观赏和宣泄情感的需求，也可以通过参加足球运动达到锻炼身体、增强体质、娱乐身心和增进社会交往的效果；同时，还可以通过购买足球彩票来满足猎奇心理，幸运的中奖者还可以获得一定的经济收入，当然也有一小部分人堕入了赌球的泥潭不能自拔，成为足球行业的负面推手。从市场经济学着眼，球迷是职业联赛的消费者和驱动者。媒体对职业联赛的报道主要是吸引球迷的注意力，所以球迷的关注是媒体关注的前提和基础。球迷的规模和构成也是企业进行职业联赛投资决策评估的主要依据之一；资本投入对中国足球职业联赛的青睐，正是基于对庞大的球迷消费群所产生的不可估量的价值预期。再者，对于职业俱乐部和足球协会而言，尽管他们对球迷利益的出发点不同，但都是不可忽视的利益群体。作为消费者的球迷屡屡被假球黑哨带来的不真实比赛结果所愚弄，利益损害却无法利到补偿，所以他们是竞技足球犯罪的被害人。球迷购买门票观看比赛，通过《中华人民共和国合同法》的规定获得了观看真实性和纯洁性比赛的权利。这种权利一旦被侵害将会导致两个后果，一是球迷会发生球迷骚乱造成社会治安的破坏，破坏社会秩序。第二个结果是打击了球迷对中国竞技足球观看的热情，从而导致中国竞技足球的衰落。竞技体育体现了现实生活中无法达到的理想的平等之境，因此才吸引人，人们对这一领域的公正才有如此严格的要求，对不公平的行为才如此不能容忍。而且，唯有公正，唯有严格遵守体制规则，才能为消费者带来精神的比赛，给球迷以心灵的愉悦和美的享受。

第三章　竞技足球犯罪被害人的特征

第一节　竞技足球犯罪被害人的本质特征

竞技足球犯罪被害人最本质的特征就是被害人的被害性。被害性是被害人身上所存在的足以导致犯罪侵害的一切特性。以色列法学家门德尔松认为，被害性是指遭受某些社会因素所造成的某些损害的所有各类被害人的共同特征❶。日本犯罪学家宫泽浩一认为，被害性是指在犯罪过程中与犯罪的发生有关的各种条件中属于被害人的各种条件的总括。被害性是一种带有主动诱使和强烈刺激的特性，是导致加害人实施加害行为的重要原因；或者是加害人实施加害行为时可以利用和必须利用的条件，是被害人本身的一种特性，包括易感性、诱发性与受容性等三种不同的特性❷。其中，被害人消极地接受被害的特性称为易感性，被害人积极地引发被害的特性是诱发性，而加害行为实施后被害人消极承受被害后果，因而容易引发新的被害的特性就是受容性。上述关于被害性的描述，学者们主要是针对自然人被害人总结的特点，但是本研究认为，竞技足球犯罪被害人中的国家和法人组织被害人主体，其被害性也应当具有上述被害人的特性，与自然人被害人不同之处是他们是以被害人的被害主动性和被害被动性的形式表现出来。因此，本研究认为，竞技足球犯罪被害人的被害性是指在参与竞技足球比赛过程中，被害人带有的主动诱使和强烈刺激的特性，是导致竞技足球犯罪加害人实施加害行为的重要原

---

❶　施奈德 . 国际范围内的被害人［M］. 许章润，等，译 . 北京：中国人民公安大学出版社，1992.

❷　董士昙 . 论犯罪被害人的被害性［J］. 北京人民警察学院学报，2005（1）：27.

因或者是加害人实施加害行为时可以利用和必须利用的条件。不同的被害人主体，具有不同的被害性特征。

一、国家和法人组织被害人的被害性

竞技足球犯罪被害人包括了国家和法人组织被害人，作为与自然人不同的被害人，国家和法人组织被害人的被害性有自己特殊的表现形式。

（一）被害主动性

所谓主动性（initiative），指主体按照自己规定或设置的目标行动，而不依赖外力推动的行为品质。由主体的需要、动机、理想、抱负和价值观等推动。被害人的被害主动性是指被害人在按照自己规定或设置的目标行动，没有通过外力推动所实施的行为导致自己成为被害人的特性。

1. 国家被害人的被害主动性

国家被害人的被害主动性是指国家在参与竞技足球运动的过程中，基于履行职责或追逐利润的目的而自行实施的行为导致自己成为被害人的特性，是竞技足球犯罪加害人实施加害行为的重要原因或者是加害人实施加害行为时可以利用和必须利用的条件。

就主动性而言，因国家政策制度等宏观因素易导致发生以国家作为被害人的犯罪。制定法律是国家的权力同时也是国家的义务，但在竞技足球犯罪中，国家在制定相关政策制度上有明显的缺位，管理上有越俎代庖之嫌，并以其积极主动的干预行为造成了自身的被害。

（1）规则欠缺，市场呈无序化状态。国家制定规则欠缺的缺陷伴随着我国经济高速发展的同时一下子暴露出来。规则欠缺就是指现存的规则不能充分地满足实际的需要，就像规则缺失了一样。因为市场的开放与打开"潘多拉的盒子"有着相似结果，市场开放了魔鬼就被放出来了，问题开始层出不穷。现存的规则表现得顾此失彼，根本不能较好地满足市场快速发展的需求。规则欠缺必定为潜规则大肆流行创造了时机。再加上急剧转型的社会中各种社会矛盾复杂多变，一触即发式的矛盾随处可见，客观上也成为潜规则四处泛滥的导火索。竞技足球犯罪行为屡禁不止一方面与市场发展过快有关；另一方面与规则不健全，以及市场监督不严、惩罚力度不够的方面存在很大关系。再加上政府制定规则与执行规则的基本职能并没有得到充分地落实，经常是干了不该干的活，该干的活却往往没有干好，这也是引发问题不断产生的一个原因。在市场经济中，政府的最基本的职责就是制定好的规则并自己严格执行，目的是保障大家的基本权益，塑造良好的市场秩序，培育公平竞争的环境，让市场得到健康有序的发展。因此，引导市场向有序化发展应是政府建立规则的目的，良好的规则本身可以为交易主体提供明确的预期，降低交易成本。规则欠缺，说明的就是政府服务职能的欠缺，政府在这个层面上的被害具有主动性。

（2）政企不分，市场受行政干扰。市场经济在我国虽然已经发展多年，但是依然受到政府的严重干预。资源的审批权被政府掌握着，导致很多人做生意"不是去找市场，而是去找市长"。再加上监管能力的不足，直接引发了市场攻关、商业贿赂等行为的发生。很多钱权交易在许多不良官员身上出现，市场的公平交易原则直接遭到破坏。深究其导致政府职能越位的根本原因，在于长期以来我们不能很好地处理政府与市场的关系。政府在市场经济中参与过多，不明确的角色分工导致政府在市场经济活动中既是裁判又是运动员。可以说，政府行政干预是一个导致市场经济失序的最根本原因。自由经济是市场经济的特点，各交易主体之间是平等竞争关系，然而政府的行政干预却打破了这种公平竞争的关系，并使公平竞争关系完全异化为权力依附关系。哪个有关系哪个就有资源，最终导致贿赂公关行为泛滥，犯罪行为产生，使国家自己成为这种犯罪行为的被害人。

2.法人组织被害人的被害主动性

法人组织被害人的被害主动性是指法人组织在参与竞技足球运动的过程中，基于履行职责或追逐利润的目的而自行实施的行为导致自己成为被害人的特性，是竞技足球犯罪加害人实施加害行为的重要原因或者是加害人实施加害行为时可以利用和必须利用的条件。

法人具有自己的独立人格和意思能力，因此也可能进行不法行为甚至犯罪行为，而这些行为可能直接导致自身的被害。竞技足球犯罪中，常常因为俱乐部行贿催生黑哨。不法体育经纪人或伪体育经纪人，以及个别运动项目俱乐部在内的一部分人，为追求其球队的成绩，或者为了一己私利或受人之托，为达到竞技足球犯罪结果的不良目的，总是想尽一切办法，甚至不惜一切手段贿赂裁判。于是赛场内为了获得法外利益的裁判黑哨就自然响起了。俱乐部这种为了获取自身的利益而利用裁判的目的性行为就构成了竞技足球犯罪的一个外在环境的原因。但是，这种行为本身常常是一种双刃剑，正是俱乐部的行贿行为最终也导致自身的被害，导致自身的经济受损。中国职业足球俱乐部主要通过电视转播费、门票收入、冠名权、球衣广告和场地广告收入、球员转会、相关产业开发、从中国足球协会得到的分成等方面获得收入，但上述各项收入远远低于维持俱乐部一年运营的总开支。因此，大集团、大企业为换取其主产品的知名度而投入的广告费用成为俱乐部生存下去的主要依靠。某些大集团、大企业功利色彩浓厚的投资必然导致俱乐部要不择手段获取利益，通过贿赂裁判，高薪刺激的形式达到自己的目的。而这些主动性特征也正是导致俱乐部成为被害人的重要因素之一。

（二）被害被动性

与主动性相对应，所谓被动性是指主体要待外力推动才能按照自己规定或设置的目标行动，从而造成事情不能按照自己的意图进行的不利局面。被害人的被害被动性是指被害人要待外力推动才能按照自己规定或设置的目标行动，从而造成事情不能按照自己的意图进行的不利局面。

1. 国家被害人的被害被动性

国家被害人的被害被动性是指国家被害人在参与竞技足球运动的过程中，对于其履行职责或追逐利润的目的消极不作为，从而不能对竞技足球运动按照自己的意图进行管理和经营的不利局面，是导致竞技足球犯罪加害人实施加害行为的重要原因或者是加害人实施加害行为时可以利用和必须利用的条件。

就被动性特征而言，国家作为公法人，代表更大规模的团体的利益，其所代表的社会利益、国家利益的抽象性使得国家更易成为犯罪对象。国家被害人的被动性特征主要体现在国家虽然制定了有关的体育法律规范，但是这些规范缺少配套的可操作的体育法规，而国家的任何行动又必须以法律为依据，因为没有法律的依据，所以最终导致国家在处理某些竞技足球犯罪的过程中处于被动的地位，成为其先前行为产生的被动被害人。比如说中国体育工作走向法制化的标志是"一法二纲"的颁布，但在新体制还没完全建立过程中旧体制仍然在运行。造成今天世界许多发达国家都有专门的法律、法规对竞技体育予以规范，而以"举国体制"为核心的中国体育却还在游离于专门的竞技体育法律之外的现象。实体法尚且不具备，更遑论各种程序法和仲裁法了。另外，各个运动主体的权利义务在《中华人民共和国体育法》并没有得到明确规定，因此其合法权益受到侵害时根本不能得到有效保护。运动员遭到侵害的合法权益不能得到国家的公力救济，出自本能反应就会采取自力救济措施，这将会导致国家和社会权益的被害。

2. 法人组织被害人的被害被动性

法人组织被害人的被害被动性是指法人组织比如在参与竞技足球运动的过程中，对于其履行职责或追逐利润的目的消极不作为，从而不能对竞技足球运动按照自己的意图进行管理和经营的不利局面，是导致竞技足球犯罪加害人实施加害行为的重要原因或者是加害人实施加害行为时可以利用和必须利用的条件。

对于足球俱乐部来说，《中国足球协会章程》虽然规定职业足球俱乐部是以"市场运作手段"来经营，但实际上国家才是俱乐部真正的直接运作老板，国家宏观调控下的俱乐部根本不具备也做不到独立的市场主体责权利的结合，更不可能形成激励和约束机制。权力制衡机制赖以产生的多元利益主体的缺失，容易在俱乐部这种单一的利益主体内部造成权力膨胀与滥用。足球俱乐部随着甲A和中超足球联赛的进一步发展，开始逐步脱离政府体育部门的强制性管理而成为联赛的经济法人主体，足球在这个过程中变得更加社会化，具有了更为广泛的社会性，成为市场经济的投资热点。某些投资家在此时开始大量投资中国足坛，甚至将甲A和中超联赛作为其一夜暴富的最佳投资对象。正是这种急功近利、心浮气躁的投资，使他们为了得到自己需要的商业利益，放松了对俱乐部的管理，甚至不惜重金贿赂裁判以追求轰动效应。但是他们在得到自己期待的商业利益之后，就会选择离开，也因此给中国足球带来巨大伤害。正是俱乐部投资者功利主义的表现，导致职业足球俱乐部内部治理结构不协调，像精神错乱的自然人一样的决策偏差，以及管理混乱，使职业足球俱乐部成为竞技足球犯罪的被害人。

二、自然人被害人的被害性

（一）易感性

易感性特征是指被害人使自己成为犯罪人加害目标的特征，是其自身具有的，在心理和行为方面处于无意识状态的，容易被犯罪人引入被害境遇，从而成为犯罪人实施犯罪行为重要条件的各种因素的总和❶。易感性特征以消极的不作为形式吸引了犯罪人的加害行为。被害人的易感性越强，被害的危险性越大，强烈的易感性还可能使被害人招致反复被害。本研究认为，竞技足球犯罪被害人的易感性特征主要是由职业足球开发现状的缺陷造成的。作为能够创造巨大生产力的经济活动，在我国市场经济的转型时期，没有专业的管理和运营，没有刚性有效的监督和制约，必定会给犯罪人以可乘之机，使竞技足球活动的所有参与人成为犯罪人的加害目标。

（二）诱发性

被害人的诱发性主要指其具有的、可能使自己受害的、能够引发犯罪人实施犯罪的行为因素。❷犯罪是犯罪人内在独立意志活动的产物，也是犯罪人与被害人双方外在的社会交际活动的产物。被害人可能有意无意之间就已经对犯罪人犯罪构成了其作为外在因素之一的"诱饵"性质的影响，被害人与犯罪人常常是一体两面的关系。"社会互动理论"认为：如果犯罪人周围的环境具备这种"诱饵"性质的因素，其实施犯罪行为的可能性就越大，而被害人则经常扮演这种"诱饵"角色。这种角色不仅指被害人有意地言论、行为，还包括无意的静止的状态、所处的时空环境、正常具有的各种条件、因素等。因此，将过程互动性列为被害人总体特征之一，有助于澄清被害人在"犯罪－被害"发生过程中的真面目，揭示这种二元互动的更为深层的机制。竞技足

---

❶ 张建荣. 刍议犯罪被害人的被害性［J］. 2006（1）：96.

❷ 童敏. 流动人口刑事被害人及被害预防［J］. 犯罪研究，2013（3）：57.

球犯罪被害人的诱发性主要表现为竞技足球拥有广泛的经济收益点，涉及竞技足球职业化的每一个运行细节，而每个运行细节却没有刚性有效的监管，这是诱使犯罪人实施犯罪行为的巨大诱因。另外，现代足球在中国发展时间比较短，没有形成真正的足球文化，人们对职业足球的运动价值理解不深，足球仅仅作为投资者赚钱的工具，急功近利的小农意识造成职业足球运营过程中的混乱，给予犯罪人以可乘之机。其实这种诱发性可以视为被害人的可责性，要正确认识竞技足球职业化是一种提供服务产品的产业，需要愉悦的是观众球迷，只要提供的是高质量的足球赛事产品，满足了消费者需求，竞技足球活动的所有参与人都是赢家，而不是像现在沦为被害人。

（三）受容性

被害的受容性在有的学者认为是指被害人心理和气质上对于自身被害角色的认同和容忍。有的学者认为是指一个人具有易受侵害的性格。张建荣认为被害的受容性是指被害人对自身被害角色予以潜意识的认同和容忍或者放任被害隐患而不加控制的特性❶，本书认为该学者对被害人的受容性的这一理解是比较准确的。竞技足球犯罪被害人的受容性就是指竞技足球犯罪被害人在心理和气质上对于自身被害角色的认同和容忍，从 2012 年开始的反腐风暴涉及的案件来看，竞技足球领域的犯罪现象由来已久，时间上跨越了中国足球职业化的整个过程，但是，身处其中的被害人们却认同和容忍了这一现象的存在，显示出被害人极大的被害受容性特征。

第二节　竞技足球犯罪被害人的一般特征

竞技足球犯罪被害人特征是竞技足球犯罪被害人区别于其他犯罪被害人的标志，是对竞技足球犯罪被害人特点的概括。

---

❶ 张建荣.刍议犯罪被害人的被害性［J］.2006（1）：97.

一、被害与比赛的相关性

竞技足球犯罪行为最主要的特点是与竞技足球比赛的相关性。无论从行为的实施主体、危害行为、危害结果，还是从实施行为的时间、地点、方法（手段）、对象等方面看，都是围绕着竞技足球的比赛进行的，这种行为的发生与竞技足球运动密切相关。因此，作为竞技足球犯罪的被害人就必定在相应的情境下产生，与竞技足球犯罪行为对应。例如在竞技足球领域内的行贿罪，行贿者的最直接目的就是通过金钱手段腐蚀应该秉公执法的裁判，从而达到赢得与自身有密切利益关系的比赛的胜利。挪用、克扣的资金则来源于建设体育场所、组织比赛或者是体育团体日常运转所需的资金。寻衅滋事的对象可以是场内的观众之间，也可以是球迷因为对裁判或者是对运动员的表现不满，而对他们进行寻衅滋事。利用竞技足球进行赌博、服用兴奋剂、在竞技足球比赛中从事弄虚作假、体育经纪违法活动等也是围绕着竞技足球比赛而展开。

二、被害人主体的复杂性

凡是参加竞技足球活动的人，不论是直接参加人，如竞技足球比赛的运动员、教练员、裁判员，还是利害关系人，如与竞技足球有关的体育经纪人、足球俱乐部、足球管理部门的行政官员，以及足球组织的工作人员以及媒体、观众等等，都有可能成为犯罪被害人。

三、被害的集中性

这种集中性主要是由于竞技足球竞赛本身的特点决定的。竞技足球比赛场次繁多，并非在所有的比赛场次上都会出现犯罪行为。按一般的规律，竞技足球贿赂犯罪行为主要集中于一些关键场次中，比如升级、保级或者取得胜利的一些关键场次。当然，体育赌博和体育暴力行为也多出现在最受人关注的比赛场次的举行地。赛事本身的趣味性吸引人，而赛事本身的竞技性又决定了赛事必然会出现胜负双方，胜负则是矛盾的关键，支持者们就会因为各自支持的队伍的胜负而产生矛盾，甚至发生赛场暴力行为。

各 论 篇

第四章　中国足球协会

第一节　中国足球协会的被害概况

一、中国足球协会的概况

（一）中国足球协会的性质

中国足球项目管理机构是中国足球管理中心，又称为中国足球协会。1993 年国家成立了 14 个主要运动项目管理中心，管理单项协会，以及运动项目❶。中国足球运动管理中心首先是国家体育总局下属单位，其次是中国足球协会常设办事机构，属于国家事业单位；而中国足球协会却是在民政部注册的正式的民间社会团体，其性质属于行业社团组织。中国足球协会同时兼具国家行政机构和民间的社团组织双重身份，是中国足球项目管理的最高国家权力机构。其主要任务是：根据国家的法律和法规，以及体育方针政策，统一组织、指导全国足球运动项目良好的发展，推动项目的普及和运动员的运动技术水平的提高，促进运动项目的社会化和产业化发展。

（二）中国足球协会成为国家被害人代表的理由

中国足球协会为什么可以代表国家❷成为竞技足球犯罪的被害人呢？第一，与世界大多数国家不同，中国足球协会具有双重身份：它既是国家体育

---

❶　张红华. 法制视野下的职业足球管理体制改革［J］. 天津体育学院学报，2010，25（4）：323–327.

❷　正如前文所述，这里的国家指的是竞技足球犯罪法益持有人的国家，是具体的犯罪法益的持有人，是在微观层次、实体意义上加以使用的。

总局足球项目管理中心的半行政机构，是由 FIFA（国际足联）官方认可的中国唯一代表机构，具有管理中国足球运动的权力；它又是半民间性质的行业协会，又具有类似于营利组织的性质，能够以非行政主体的身份与足球俱乐部共同从事足球商事活动。这种性质的行业组织的存在已经严重阻碍了整个足球产业的市场化运营。第二，我们要了解管理中国职业足球运营的中超公司（管理中超联赛）和福特宝公司（管理其他足球比赛）的性质是中国足球协会控股的混合型公司和中国足球协会全资子公司，两个公司的具体管理和维护由中国足球协会负责。第三，中国足球协会实质上就是国家权力和权利的代理人，国家才是竞技足球犯罪真正意义上的犯罪被害人。但是，既然中国足球协会的存在本身就是代表和维护着国家的权力与权利，那么对国家相关权利与权力的侵害，必然作用在中国足球协会身上。因此，中国足球协会虽然不是真正意义上的犯罪被害人，但在这种情况下，应由中国足球协会充当相应的被害人主体。这不仅取决于中国足球协会存在的根本意义，而且有利于迅速及时地实现对国家权利和权力的救济。

二、中国足球协会的管理权

犯罪行为侵害的是被害人的合法权益，因此，准确把握好合法权益是全面认识犯罪被害人的关键之一❶。也就是说，作为犯罪被害人，首先必须享有既定的合法权益或权力，否则在客观上就不能受到侵害。因此，研究作为竞技足球犯罪被害人的中国足球协会，首先要明确中国足球协会享有的合法权益或权力。本书认为，中国足球协会在参与竞技足球活动过程中享有很多合法权益或权力，但其受到竞技足球犯罪行为侵害的主要是对竞技足球的管理权，为了避免讨论的漫无边界，本书重点介绍中国足球协会对竞技足球的管理权。

（一）整体经营职业足球赛事

足球产业是市场经济的必然产物，它是由一个庞大且发达的足球市场，

---

❶ 杜永浩，石明磊.论刑事被害人的界定［J］.湖北警官学院学报，2003（2）：15.

并以它为中心而派生出更多的相关行业的综合体。围绕足球运动所进行的经济活动包括：足球比赛的商业运作、俱乐部的投入与产出、无形资产的开发、足球用品的生产和销售，以及与足球产业相关的其他产业的经营。经过中国足球协会和地方政府的推动，中国足球市场的基本框架已经成形，即初具规模的职业足球联赛和中国足球协会杯赛、多样化的职业和业余俱乐部、流动的教练员和运动员人才市场、相对稳定的广告和赞助群体、稳步发展的有偿电视转播权市场、方兴未艾的足球用品和标识产品市场，以及潜力无限的无形资产开发市场等❶。为了更好地开发足球市场，中国足球协会把职业联赛的电视转播权、联赛冠名权等捆绑在一起进行整体营销，为职业足球俱乐部争取经济利益。与单个的俱乐部相比，由协会出面与买方进行谈判，谈判的力量更强，这也是西方国家职业足球发展过程中的共性经验。但是，频繁发生的竞技足球犯罪使中国足球协会经营足球赛事的能力受到广泛质疑，动摇了民众对于其经营竞技足球赛事的信任基础。

（二）治理足球竞赛中的不公平竞争

中国足球协会作为行业组织，其作用机制在于向成员提供信息咨询、协调成员的行动，从而起到节约交易费用的功能。会员的行为必须受到足球行规的约束，在制度许可范围内开展活动，中国足球协会才能发挥行业管理功能。由于我国的足球职业化程度较低，俱乐部的建设还很不规范，一些职业足球俱乐部缺少长远的战略眼光，把建设职业足球队看成追求企业广告效应的一种手段。有些俱乐部是在地方政府的推动下成立起来的，企业为了获得政府许诺的优惠政策而在地方官员授意下投资足球俱乐部，一旦失去政府的优惠政策，在俱乐部缺少盈利能力的情况下，企业投资就变得非常不稳定。地方政府之所以愿意成立足球俱乐部，其目的是为了打造城市名片，提高城市的知名度和社会影响力，间接为官员的政绩服务。

从俱乐部的投资结构来看，职业化之初，国有大中型企业是职业足球俱乐部的投资主体，并且往往是垄断行业的企业，投资足球俱乐部对这些企业

---

❶　丁涛，李勇. 中国足球产业发展的现状、问题及对策［J］. 北京体育大学学报，2003，26（6）：731-733.

来说资金上的压力较小。在职业化进一步深化的过程中，民营企业开始涉足职业足球领域。相对于国有企业的投资人来说，民营企业介入职业足球不单纯追求广告效应，企业家更重视如何借助足球这个平台宣传本企业的产品，通过足球产业的开发获得利润回报。在球队实力有限的情况下，为了在联赛中获得更好的排名，一些俱乐部开始贿赂裁判、打默契球，以至于球迷和媒体高呼"假球""黑哨"，有些赛区甚至爆发了球迷骚乱现象。中国足球协会有权对这些现象采取措施进行治理，惩治俱乐部、球员和教练员，维护职业联赛的公正、公平。但是越演越烈的竞技足球犯罪使中国足球协会治理足球竞赛的能力受到质疑，公信力下降，以至于成为各界纷纷指责的竞技足球犯罪的始作俑者。

（三）建设国家足球队

中国足球协会制改革以来，中国足球协会在国家队建设上做了大量的工作，无论是男足还是女足国家队，协会均给予了高度重视。由于中国足球协会同时又是足球管理中心，因而能够运用行政手段在全国范围内选材，组建起各级国家队进行训练。职业化改革使中国足球协会掌握了更多的资源，因而在国家队建设上的投入是十分巨大的。国家足球队开始聘请高水平的外籍教练执教，到国外进行训练、比赛的机会日益增多，这些措施在一定程度上有利于国家队水平的提高。但是，由于中国足球协会与国家体育总局的关系没有理顺，协会在职业足球联赛与国家队建设上的关系没有处理好，特别是每逢大赛来临常常要联赛让路的做法引起了俱乐部的不满。

在青少年足球运动的普及上，中国足球协会意识到青少年足球是中国足球的希望所在，并曾经制定出详细的发展规划，但在落实过程中却显得力不从心。理论上来说，如果职业联赛的水平日益提高，运动员在激烈竞争的环境中熏陶，必然会努力提高自身的运动技术水平，因为这是他们赖以谋生的基本手段。在联赛水平提高的基础上，遴选出高水平运动员组建成国家队，成绩的提高是自然而然的事情。因此，中国足球协会的工作重点是提高足球联赛质量，保证职业联赛有一个公平、公正的竞争环境。竞技足球犯罪频繁发生，更使中国足球协会建设国家足球队的权力基础受到动摇。

三、中国足球协会被害后的表现

在社会转型期，当时的国家体委针对单项协会提出了"协会实体化"的改革目标。为了实现平稳过渡，国家体委在"协会实体化"过程中成立了项目管理中心，这标志着负责竞技体育的部门由此前的政府行政部门转变为经营性事业单位，迈出了竞技体育产业化的第一步。然而，由于体制改革始终迈不出"第二步"，协会实体化仍然没有实现，足球运动管理中心仍然作为过渡单位长期存在，并且其政府属性有更加强烈之势，在政府机构与社团的博弈中，协会又被虚拟化，又被政府重新纳入行政管理体制中❶。这种改革的不彻底性，不仅严重阻碍了中国足球的发展，而且由于"官、民双重性"的管理体制与"双轨"的运行机制迫使政府站在了政治风险的风口浪尖上❷。在竞技足球犯罪中成为体制上的受害人。

（一）公信力下降，国际形象受损

龚建平黑哨案，广州吉利、北京国安罢赛，武汉光谷罢赛并将中国足球协会告上法庭等事件，严重损害了中国足球协会的威信，进一步助长了不正之风，导致恶性循环。浙江绿城足球俱乐部公开承认向某些裁判贿赂，公开赛场不公现象，中国足球协会的威信受到了极大的质疑。在职业联赛开展的早期阶段，传统的足球职业联赛管理体制确实为中国足球职业联赛的发展起到了保驾护航的作用，但是随着市场经济体制的不断完善，职业足球制度体系建设的滞后性开始显现出来，二者的矛盾日益突出，于是"假球""黑哨""黑球"等问题慢慢暴露并迅速蔓延，体育的精神与足球的发展遭到前所未有的挑战。这是由于中国足球管理机构的"官、民双重性"造成的，中国政府及其行政机构不得不为类似负面问题被动付出代价。

从当年的"龚建平事件"到2012年的中国足坛反腐，我们可以看到，中国足球协会被认作"准官方"性质的行政机关，而且事实是其工作人员确

---

❶ 熊晓正，夏思永，唐炎．我国竞技体育发展模式的研究［M］．北京：人民体育出版社，2008.

❷ 秦德平，刘刚．论中国足球职业化改革的代价及其控制［J］．北京体育大学学报，2010，33（8）：19.

系足球运动管理中心的国家工作人员，即所谓的"两个牌子、一套人马"。因此，当人们对中国足球职业化改革中出现的问题，以及引起的社会负面影响的原因进行追根溯源时，政府被迫站在了政治风险的前沿，社会中出现的诸多问题被转嫁到政府的行政管理机构上，政府不得不承担这种转嫁代价。

在国家营销、城市营销日益受到人们认可的今天，体育、运动员是国家、城市对外营销的重要窗口和平台已成人们的共识❶。兴奋剂、年龄门等弄虚作假现象使得作假者大获其利，与此同时却引发了运动员与运动员之间、国家与国家之间、民族与民族之间的不信任和矛盾冲突，使得国家遭受质疑、形象蒙受损失❷。

（二）赛事价值缺失，社会和谐被破坏

所谓赛事价值指的是比赛能够满足现实的人们的某种需要的属性。中华人民共和国成立以来，中国的竞技体育始终承载着"为国争光"的任务，并且通过在国际竞技舞台上的精彩呈现来展示中国在政治、经济、文化、教育等领域的强大，通过竞技体育来构建民族的认同感，竞技体育的胜利表征的是民族独立与民族强大的诉求。我国特殊的历史背景传承下来的这种主流意识逐渐潜移默化为无意识的文化结构，并潜在地引导人们以特定的方式去评价赛事的结果。然而，近年来中国足球不断在国际重大比赛中遭遇失利，以及在职业化改革的历程中出现的种种问题，使得赛事无法承担构建民族认同感的功能，赛事的文化构建功能丧失，于是职业足球赛事处于"意义虚无"状态，大量的赛事变成了一堆堆毫无表征意义的符号。

虚假年龄、兴奋剂滥用、制裁不公等破坏公平、公正的现象与我国提倡的大力发展先进文化背道而驰，"黑哨""假球""赌球"等是体育领域的黑暗势力在作祟，对于整个体育的和谐是一种极不安定的因素。在大力推行和谐社会建设的今天，球场暴力等冲突事件显然不利于体育乃至社会的和谐，不

---

❶ 李江，王正伦等. 当代中国竞技体育伦理失范及其规制［J］. 体育与科学，2013，34（3）：64.

❷ 龚正伟. 当代中国体育伦理建构研究［M］. 北京：北京体育大学出版社，2009.

仅如此，广大体育迷对体育有着一种狂热，面对各种假球、"黑哨"等事件，广大体育迷很可能在集体行为的诱导下衍生出社会动乱，带来社会的不安定。可以说，竞技足球犯罪正是这些不和谐因素产生的背后推手。

第二节　中国足球协会自身的被害原因

中国足球协会自身的被害原因即被害性是指在竞技足球活动中，中国足球协会带有的主动诱使和强烈刺激的特性，是导致竞技足球犯罪加害人实施加害行为的重要原因或者是加害人实施加害行为时可以利用和必须利用的条件。具体来讲，中国足球协会成为被害人的自身原因主要有以下两个：一是中国足球协会的被害主动性；二是中国足球协会的被害被动性。

一、中国足球协会的被害主动性——自身管理存在问题

中国足球协会的被害主动性是指中国足球协会在参与竞技足球运动的过程中，基于履行职责或追逐利润的目的而自行实施的行为导致自己成为被害人的特性。中国足球协会在管理竞技足球的过程中虽然积极地付出，但是这些主动付出带来的不是效益的增加，反而导致若干问题的产生，其积极主动的干预竞技足球经营管理的行为造成了竞技足球经营管理的混乱，最终导致自己成为竞技足球犯罪的被害人。中国足球协会在制定相关政策制度上有明显的缺位，管理上有越俎代庖之嫌，其在对自身管理都缺乏良好规范的前提下对竞技足球经营管理积极干预的行为造成了自身的被害。

（一）中国足球协会对自身性质界定不清

根据《中国足球协会章程》的规定，中国足球协会是社团法人。根据《国家体委运动项目管理中心工作暂行规定》的有关精神，足球管理中心是国家体育总局的直属事业单位，同时又是中国足球协会的常设办事机构，并具有对足球运动进行全面管理的职能。中国足球协会的主要领导人由有关方面酝酿产生，章程所规定的程序并未在真正意义上执行过。中国足球协会对

外是足球运动的行业管理机构，对内运用行政权力对足球运动进行管理❶。从《体育法》的精神来看，中国足球协会是法律授权的管理全国足球竞赛的体育组织。尽管协会注册为社团法人，但它没有经历自下而上的民主选举过程而成为自律性民间社团，国家体育总局在机构改革与职能转变过程中将足球管理权交由其行使。因此，中国足球协会与各俱乐部及球员、教练员之间的关系不是隶属关系，而是非内部的管理者与被管理者之间的不平等关系❷。中国足球协会既是行业机构，同时又是行政事业单位，拥有较大的行政权力垄断足球管理，不利于足球运动的健康发展。

行业协会本应当是自治组织，作为处于政府和相关市场的中间组织，基本任务在于为本行业的成员服务、利益代言及协调内部关系，同时也承担为本行业与政府职能部门的互动交流提供平台的任务。但是我国多数行业协会都是以政府主导控制的方式而存在，因此一直被外界视为政府权力延伸的载体，是政府的代言人，成为主要执行政府政令的手段和工具，而不是代理行业成员的需求与政府进行双向沟通与博弈的组织。中国足球协会同样属于这样的身份。中国足球协会没能有效承担职业联赛治理责任的原因之一正是由于这样身份的存在。中国足球协会实际是作为政府管理足球行业的延伸载体，是政府通过将权力转移到中国足球协会这个行业协会，更加切实控制足球运动。同时，《中国足球协会章程》第3章第10条第1款和第4章第18条第2款规定：中国足球协会的会员资格是"各省、自治区、直辖市、足球改革重点地区或城市足球协会、各全国性行业、系统足球协会及中国人民解放军足球运动组织"，职业联赛俱乐部不具有中国足球协会会员资格，只能作为没有投票权的代表以列席方式参加会员代表大会。

由此可以看出，中国足球协会本质主要是国家与地方的原有足球管理机构体制内的信息传达者，是政府执行行政指令的工具，而不是衔接政府与市场利益主体的纽带和桥梁。无可非议，政府与市场利益主体利益存在冲突时，

---

❶ 池泰棱. 对我国体育俱乐部现状、发展对策及模式的研究［A］. 国家体育总局政策法规司. 体育软科学成果汇编［C］. 1995–1996.

❷ 葛洪义. 法治如何才能形成? 中国足球职业联赛的个案分析及其启示［J］. 法律科学，2002（6）：18–27.

中国足球协会的选择将更多地顾及政府的意愿，而并不能完善地表达足球运动参与者足球俱乐部的利益和诉求。过往出现的那些国家队长期集训制度、任意改变职业联赛升降级制度、赛制和竞赛日程等现象都是很好的例证。

（二）中国足球协会对其管理职能认识不清

中国足球协会管理职能错位，运用行政手段管理足球运动。中国竞技足球联赛的建立促成了市场的形成。但是，支配联赛的管理模式却是与市场体制相对立的权力服从型管理模式。这种管理模式表现出以下特点。

1. 管理权力与行政权力混同

在中国，中国足球协会本质上并不是行业自治机构，行业协会本应当是建立在行业自律基础上，本行业自主协商、自我管理的机构，其目的应当是追求行业的整体利益。而中国足球协会名义上是行业管理机构，但是却运用行政化的管理手段，就是国家体育总局行政权力的延伸。

2. 中国足球协会与市场主体的关系错位

行政权力的介入，使中国足球协会与市场主体的关系错位。中国足球协会权力来源于行政授权，而不是市场主体的授权，正是由于这种权力授予的不同促使中国足球协会不能认识到行业协会本身应当具有的立场。在它看来，它的权力应当属于国家行政权力而并非行业协会的服务权。这种权力来源的不同导致中国足球协会并不重视俱乐部的利益与诉求，而且在它看来俱乐部应当是被中国足球协会管理的组织，从而导致了在中国足球管理体制运行中，中国足球协会与俱乐部之间的纠纷不断的现象，却并不是中国足球协会与行政管理机构纠纷不断的奇特现象。

3. 市场主体的利益缺乏保障

中国足球协会行使行政权力，在其控制下的职业联赛是以管理者的姿态主导联赛运营，而并不是以市场主体利益的维护者身份参与联赛运营。职业化是市场主体之间的公平竞争，参与市场的行为，是基于追求利益进行的商业活动。足球俱乐部是市场参与者的主体，但是却不能充分、有效地参与足球职业联赛。市场经济体制需要日益完善，中国足球协会与俱乐部的关系也应当回归到原有状态。

（三）足球联赛法人治理存在问题

1. 联赛产权不清晰

联赛本是各俱乐部共同实施的追求商业利益的体育活动，但是俱乐部并不能完全享有联赛的所有权和收益权，这种中国足球协会干预下的联赛是半市场化的产品，与职业联赛所追求的目标甚远。企业作为市场的参与者具有与生俱来的成本、收益和风险的考量，而中国足球协会利用垄断权参与联赛收益的分配，是对本应属于俱乐部利益的掠夺。近年来，竞技足球俱乐部挑战中国足球协会权威的现象，正是俱乐部不满中国足球协会权威的表现。政府拥有宪法法律赋予的行政管理权，那些才是政府所应当充分行使管理职能的领域，单纯依靠市场就能够自我完善地职业联赛竞争行为，应当放手让市场自我调节。

而现实中，中国足球协会以职业联赛发起者的特殊身份和权力，控制着足球职业联赛的"所有权"❶，这实际上"剥夺"了各俱乐部作为联赛产权主体的资格。2004 年 12 月 22 日，中国足球协会领导对外公开宣称联赛所有权和管理权属于中国足球协会，并且认为各俱乐部只是联赛参与者，不享有联赛所有权。既然这番言论是以中国足球协会领导身份发表的个人观点，那么中国足球协会便当然地成为中国足球职业联赛的"唯一"所有者。这种联赛产权关系与产权制度安排是扭曲的和不合理的，对足球联赛法人治理来说是非常致命的缺陷，而这种缺陷进一步影响了职业联赛的高效率运行。

2. 联赛"内部人控制"现象突出

日本学者青木昌彦将"内部人控制"定义为：经理人员事实上或依法掌握了控制权，他们的利益在公司战略决策中得到充分体现，经理人员常常是通过与工人的共谋而这样做的❷。"内部人控制"的主要特征是经营权对所有权的侵害及实质意义上的控制和支配。中国足球职业联赛中"内部人控制"主要表现在：①联赛经营者由在体育行政部门任命，联赛所有者无权更换联赛经营者，从而导致联赛所有者地位的弱化。单单依靠联赛法人治理内部监督

---

❶ 杨铁黎. 职业篮球市场论［M］. 北京：北京体育大学出版社，2003，61.

❷ 刘家贵，等. 经济理论与经济史研究［M］. 北京：社会科学文献出版社，2003：157.

机制，不能阻挡经理人的控制权。②中国足球协会和足球运动管理中心属于"两块牌子，一套人马"，其领导人员都享有一定的行政级别，并由此获得了包括控制权收益和货币收益在内的各种福利待遇。在货币收益激励不足的情况下，控制权收益就成为他们最有效的激励方式。③联赛缺乏有效的监督机制。有效的治理结构离不开健全的监督机制，中国足球协会掌握足球联赛的经营权同时中国足球协会又具有双重身份，绝对控制足球联赛，其经营行为和经营效果难以受到俱乐部的监督和约束。④联赛缺乏有效的信息披露机制。由于中国足球协会对职业联赛有关经营信息没有给予及时、完整、真实、准确的披露，使联赛所有者很难掌握到联赛经营状况、财务状况等方面的信息，也就很难有效地监督和约束职业联赛的经营行为。2004 年，中国足球协会即便是在"改革派"的强烈要求下，也仅仅公开了 2004 年中超联赛财务预算，却没有公开历年联赛财务状况。这种残缺的信息机制为中国足球协会利用"剩余控制权"侵占联赛"剩余索取权"创造了条件。

3. 联赛激励约束机制"失效"

法人治理结构运行的目的是为了解决企业内在的两个基本问题：一个是激励问题，一个是经营者的选择问题❶。但是，中国职业足球联赛法人治理机构的运行却没有能够有效解决这两个问题，其中激励约束机制"失效"主要表现在两方面。

（1）所有权人不能自主选择联赛经营者。联赛所有者作为委托人选择联赛产权代理人的权利没有得到保障。委托人应当享有选择代理人的权利，足球职业联赛的经营者应当由包括各俱乐部在内的联赛所有者共同选定和任命。然而，中国足球职业联赛并不是由联赛所有者选取代理人，而是中国足球协会依靠其特殊的身份形成的权威"攫取"的。中国足球协会其领导人员是由体育行政部门直接任命，并主要向体育行政部门负责，行使行政职能。

（2）联赛经营者侵害所有权人的利益。在委托—代理关系中，代理人往往会利用自己掌握的优势信息来追求自身利益最大化，从而损害委托人利益的实现，这便是代理人道德风险。由行政部门任命职业联赛经营者的制度安

---

❶ 何立胜.中外企业制度嬗变的比较研究［M］.北京：中国财政经济出版社，2004：215.

排，导致激励的重心向联赛的控制权倾斜，使得联赛经营者把大量的时间和精力用于对联赛控制权收益的追逐上，而不是通过努力扩大联赛剩余和盈利而最大化自己收益。尤其是在扭曲的控制权收益远远超过货币收益的情况下，来自货币收益激励的增加并不能实质性地解决联赛经理的激励问题。

4. 联赛治理效率低下

（1）中国足球协会与俱乐部治理目标冲突。中国足球协会管理下的中国职业足球联赛主要目标是宏大的公益目标：给全社会提供更多的外部性效用，有力地推动全社会的精神文明建设，营造良好的社会文化生活氛围❶。为国家队输送人才，在国际性赛事中获取优异成绩是实现上述公益目标的主要途径。然而，这一目标并未获得俱乐部投资人的认同。有研究表明，投资人大都把"获取经济利益"作为职业体育俱乐部经营目标的首选❷。俱乐部作为联赛的参与者，是联赛投资人的身份，投资与回报是每个投资者无法回避的考量，巨额的投资必然要求丰厚的回报，这是市场经济中理性投资人的必然选择。由此可见，现阶段我国竞技足球的管理者与联赛所有者在追求联赛目标上存在难以调和的二元分离的格局，这个问题是职业联赛管理体制诸多问题中的核心问题，此问题解决不好，会引发一系列连锁问题。

第一，利润最大化目标冲突。甲 A 期间，在协会——赞助型俱乐部治理结构中，中国足球协会控制着整个竞技足球资本导致俱乐部收利甚微。经历几次并购转让之后，俱乐部产权逐渐清晰，俱乐部控制球员人力资本产权和训练设备等物质资本产权，但中国足球协会控制着联赛产品产权。由于协会控制联赛产品产权，导致在联赛运营中中国足球协会与俱乐部出现争利益的局面。在这个过程中，中国足球协会显然以优势地位获得大部分利润，使俱乐部投资多收益低，导致其无法获得与其投资相对应的收益，因此，俱乐部作为市场主体以利润最大化作为运营目标下，无法实现投资的经济效益，置其于举步维艰的境地。而俱乐部又想从投资中获得效益，经济效益目标逻辑上已经不能作为投资的寄托，但是如果以利润最大化为支撑目标——竞技成绩最佳化作为投资目标则可以实现投资的社会效益，因此俱乐部以成绩最大

---

❶ 谢亚龙. 足球联赛产权与公共产品供给 [J]. 体育文化导刊，2005（4）：3 - 6.
❷ 王庆伟. 我国职业体育联盟理论研究 [M]. 北京：北京体育大学出版社，2007.

化为目标无疑能够成为最为理想和现实的追求。

　　竞技成绩需要主要依托于球员竞技水平与教练训练能力，若要提高竞技战绩并非一朝一夕能够实现，对于这一短期无法实现的目标，通过本土的关系文化却能够迅速而且有效地实现，因此也促成了俱乐部短期行为，通过关系文化扭曲竞技体育精神、市场竞争规律来节约时间成本，迅速提高俱乐部的竞技成绩，迅速达到自己的社会效益目标，但是这也带来了竞技体育混乱且争议的局面。这一发展与欧洲足球达到世界竞技水平是经过俱乐部百年的递进式的发展相比相差甚异。中国足球协会追求资产收益最大化与俱乐部利润最大化目标产生冲突，使得俱乐部利益最大化目标难以实现。既然俱乐部利润最大化目标无法实现，那么追求能够实现企业社会效益的竞技水平最大化就成为俱乐部的目标。各俱乐部竞技水平最佳化形成的恶性竞争，使各方难以形成利益共同体。

　　第二，竞技水平最佳化目标冲突。职业体育联盟之所以是体育组织，是因为即便看重经济利益，它总要先为观众奉献精彩的比赛，而精彩的比赛才是经济利益最大化实现的前提。❶无论篮球职业联赛还是足球职业联赛，精彩的比赛是前提，联赛只有通过俱乐部间激烈的竞争，为观众提供精彩的比赛，才能吸引更多的观众、赞助商、媒体等，为联赛的收入提供保障，因此，联赛利润最大化最直接的支撑目标是竞技水平最佳化。这里的竞技水平最佳化只是联赛层面，而非世界层面，两者能级水平不同。由于不同平台能级水平的差异，虽然都是竞技水平最佳化，但是所包含的内容也不同。而我国竞技足球改革历史是由公有化演变成国有化和私有化的历程，原先初始委托人由全民公有逐渐成为国有型俱乐部和私有型俱乐部共有，同时作为一级代理人本应由新产生的初始委托人来派发，但中国足球协会的超经济权利仍占据了一级代理人的身份。由于举国体制下的锦标体育的意识形态的拉动，一级代理人在管理经营足球时，在这种意识形态的拉动下往往以世界竞技成绩最佳化作为联赛发展目标，这就可能出现拔苗助长的情形，由于目标的定位过高，往往对联赛的发展无法起到递进式的导向。

---

❶ 勒英华.体育经济学［M］.北京：高等教育出版社，2011：295.

中国国家队的表现，至少直到现在看来，与国内联赛的竞争均衡有很大的关系，国内联赛竞争越激烈，球队之间的竞争越均衡，尤其是前四名球队之间的竞争越激烈，国家队的表现往往越出色。❶说明国家队竞技水平的发展依赖于国内职业联赛，即国内职业联赛水平高，则国家队水平高，反之则相反。世界足球强国的兴起，都是通过国内职业联赛长期的发展才达到世界水平，而中国足球协会以迅速达到世界水平为目标，扰乱了国内联赛竞技水平有序发展历程。因此中国足球协会竞技水平最大化目标与俱乐部竞技水平最佳化目标由于不是处在相同的平台和能级水平上，所以产生了极大冲突。

（2）治理模式与市场经济运行规律相悖。在计划经济体制下他组织形式的举国体制，完全是由国家体育总局包办竞技足球的发展，产权完全是归属于国家，国家支配所有竞技体育资源配置。随着举国体制下竞技足球发展生存问题受到挑战，无法实现竞技足球可持续发展，再加上我国市场经济改革不断深入，于是竞技足球的发展被寄托于市场经济的发展模式。虽然竞技足球走上了市场经济发展模式改革道路，由于计划经济体制下的举国体制的制度刚性，意识形态的转变的滞后性，尽管竞技足球中球员人力资本产权和训练设备等物质资本产权核心产权被逐渐让渡，但由两种资本派生的职业联赛产权始终无法从举国体制下的政府所有转变为社会所有，从而导致了中超公司无法建立自组织模式的现代企业制度，在运行过程中与市场经济所需的自组织模式相悖。现代企业无论采取什么样的制度形式，它都是一个自主运转的生命主体，它具有典型的"自主经营""自负盈亏""自我发展""自我约束"的企业机构和企业特征。❷"自主经营""自负盈亏""自我发展""自我约束"充分反映了现代企业自组织治理模式，中超公司的建立初衷就是为了建立现代企业制度。而正是由于中国足球协会剥夺了中超公司产权，才使其无法有效建立现代企业制度，实现自组织运行。从两种经济模式的组织形式来看，市场经济的思想方法基本是自组织模式，计划经济的思想方法基本是他

---

❶ 郑芳.基于要素分析的职业体育治理结构研究［M］.浙江：浙江大学出版社，2010：189-190.

❷ 刘祖晴，等.国有企业改制解惑［M］.北京：中国财政经济出版社，2004.45.

组织模式的。❶市场经济运行必须要求建立自组织治理模式，这就产生了拥有不健全的现代企业制度的中超公司的他组织治理模式与市场经济所需的自组织治理模式存在众多的摩擦。

（3）治理机制失效。甲A期间，中国足球协会掌控联赛的管理权和经营权，俱乐部收益完全由协会决定。1994年首届甲A联赛开始时，中国足球协会将联赛的商务开发权授予国际管理集团（IMG），国际管理集团以120万美元购买了为期5年甲A联赛的部分商务开发权。在1998年年底国际管理集团以每年1亿元的价格与中国足球协会续约。在《中国足球协会关于全国性足球赛事商务管理暂行规定》中规定：中国足球协会有权组建全国足球市场开发委员会，并通过该委员会对赛事行使商务开发权，包括冠名权、广告权、制度产品和服务权、各种媒体版权等；中国足球协会有权对赛事商务开发权进行全部或部分转让或许可；中国足球协会有权制定因赛事商务开发所产生收益的分配方案，并执行分配。❷2004年在"G7革命"的影响下中国足球协会成立了中超公司。中超公司是由中国足球协会出资36%，16家俱乐部出资64%（每家4%）组成的股份有限责任公司。实质上，中超公司是俱乐部对于产权的索取和中国足球协会对于产权部分让渡而不得已成立的。中国足球协会将甲A期间联赛所有权以股权的形式继续掌控着联赛，从治理结构变迁形式上看，中超公司仍没有脱离中国足球协会。由于中国足球协会在中超公司中的股权具有非产权人特性，而只是国有股权的委托代理人，导致在联赛收入分配上，中超公司出现了以中国足球协会股权"一股独大"的局面。表面上这是中超联赛控制性股东对中小股东的侵害，但实质上是代理人在利用"1股独大"的优势去盘剥中小股东及其他利益相关者。❸

中超公司在股权制度上存在国有股权"一股独大"，缺乏相互制衡的股权主体，难以形成有效的股权约束机制，造成政企难以分开，公司治理结构流于形式，现代企业制度的优越性难以体现。2012年2月在香河举行的足代

---

❶ 樊纲.作为不同思想方法的"计划"与"市场"[J].科技导报，1993（5）：6-7.

❷ 中国足球协会.中国足球联赛工作手册[Z].北京：中国足球协会，2002.

❸ 梁伟.基于资本权力错配与重置的中国足球超级联赛股权官办分离研究[J].体育科学，2013，33（1）：19-21.

会上，取代中超委员会，成立了由来自不同部分的 19 名成员组成的职业联赛理事会。职业联赛理事会对中超公司有指导作用，两者不存在隶属关系，中国足球协会将代理经营权和商务开发权授予中超公司。从目前产权结构状况看，中超公司获得了占有权，收益权，但对于联赛的所有权和处置权还是在协会控制之下，从治理结构的变迁形式看，与原先的治理结构并没有太大区别，只是将中超委员会换为中超职业联赛理事会，中超公司的运作实质上还无法完全脱离中国足球协会。由于俱乐部市场主体地位无法体现，导致治理结构不断变迁，从治理结构变迁的形式看仍属于一种存量式变迁，但我们可以预计，只要中国足球协会对联赛所有权不放，就可能出现中国足球协会管理决策过程中俱乐部间收益不对称，俱乐部与中国足球协会的博弈将会继续。

二、中国足球协会的被害被动性——职业足球市场开发不足

中国足球协会被害人的被害被动性是指中国足球协会在参与竞技足球运动的过程中，对于其履行职责或追逐利润的目的消极不作为，从而不能对竞技足球运动按照自己的意图进行管理和经营的不利局面，是导致竞技足球犯罪加害人实施加害行为的重要原因或者是加害人实施加害行为时可以利用和必须利用的条件。中国足球协会对职业足球联赛市场开发不足，导致竞技足球参与人合法收入降低，只能通过其他违法甚至犯罪手段获得收入。正是掌握职业足球联赛开发和管理权的中国足球协会没有很好地履行开发职业足球联赛市场的职能这一原因的存在，最终导致竞技足球的直接参与人和利益相关者的利益不能实现，引发犯罪，并最终使自己成为犯罪被害人。

（一）对门票的销售认识不清

门票是俱乐部收入非常重要的组成部分，一般应占俱乐部总收入的40%~50%。在足球发达的国家里，门票销售通常被视为一项要求比较高的系统工程，它直接关系和体现出每个俱乐部的经营能力。在门票的销售方面，各俱乐部都不吝惜人力、物力和财力以便寻找到一切机会宣传自己，使广大

的球迷有机会与自己的俱乐部同呼吸，共命运。与此同时，营销部门对足球的市场调查是非常认真细致的，建立球迷的档案，加强与球迷相互之间的联系和沟通，争取更多的球迷都可能成为本俱乐部的会员和拥护者。在销售的技术方面，他们根据确实的市场调查结果，科学地确定销售的网络和销售点，以及每个售票网络和销售点的服务范围，并根据不同的年龄、不同的层次和不同的区域的球迷采用不同的球票销售方法和优惠政策，使球迷经常能以最实惠的价格，以及最便捷的方式得到球票。成功的宣传会让球迷自觉地关心自己非常喜爱的俱乐部的发展，并把购买门票作为对俱乐部发展的一种支持。此外，门票本身就应该是体现企业形象的非常重要的阵地之一，因此对球票的设计和印刷应当是十分讲究的，具有较高的欣赏价值，以及收藏价值。这也是为什么在收藏品的交易市场上，足球票的交易要超过邮票交易的原因。

与上述国家的做法不同，在国内，以前球票就是观看比赛的一种简单凭证，缺少相关市场的调研和销售渠道的拓展，对销售不确定性没有深刻的认识。在 1995 年"中国足球协会杯"的决赛中，球赛销售部门没有对市场行情进行分析，过分担忧球票销售，赛前就将大部分球票销往外地，但后来发现本地球票供不应求时又开始手忙脚乱，最后又被迫用高价把外地的球票调回来以满足本地球迷的需要。这是造成乱象频出的原因。当然这种现象的出现更主要是参与主体不能以商业的价值立场把体育产业规划的更加合理造成的。

（二）对足球彩票的认识不足

体育彩票的发行也是发展竞技足球的重要途径。足球彩票能够加深球迷对各个俱乐部的球队实力和经营状况，以及与比赛相关信息的了解，与此同时还能筹集资金。在西班牙，足球彩票收入的大约 10% 是用于自身的发展，大约 40% 是用于全国体育设施的建设。因此足球彩票是促进体育运动的发展的，甚至对社会慈善事业的发展都是具有一定促进作用的。应当在深入了解发行足球彩票的商业和社会效益之后，引导足彩走向积极发展的一面。

（三）对转会的实质认识不清

转会是职业足球发展过程中的必然产物，球员的身价就是通过转会形式才能实现的，而俱乐部则能够通过转会来提高其自身的商业价值。每年，世界各地，尤其是欧美这些国家都有数百名球员按照市场规律在转会市场上流动，从而使它们的联赛自始至终处在质量很高的状态。没有转会，运动员就会失去他们的奋斗目标。我国的联赛尽管也建立了转会制度，但仍存在着不少问题，主要体现在以下几个方面。

1. 对转会的意义认识不清

尤文图斯、AC米兰和国际米兰毫无疑问是意大利足坛著名的俱乐部，但在1995赛季中，只有尤文图斯俱乐部的帕多瓦洛、AC米兰俱乐部的马尔蒂尼和国际米兰俱乐部的贝尔格米、切内蒂、安托尼奥是本地球员，其他队员都是由转会市场转会而来的球员。俱乐部最为关切的是球员的技能水平而非国度、种族、肤色。在我国的某些地方，由于领导人性格、爱好不同，或多或少存在一些保守观念，对于引进外援这些事项持反对意见。

2. 对本国的联赛缺乏必要的宣传

国外转会市场的运作有着成熟的机制，是由经纪人、球探和球员组成链接网，增强了转会的可操作性和实效性。近年来，我国进行了引进外援的尝试，但是由于我国俱乐部商业价值不高，缺少国际影响力，难以引进足球巨星；另外，"地方保护主义"对转会渠道造成阻碍。导致这种局面的主要原因还是人们对竞技足球的商业价值认识不足。

（四）对电视转播的意义认识不清

电视媒体与竞技足球的发展是相互促进的关系，例如在英国的"足总杯"决赛中，电视广告费达每30秒60万英镑，转播权的价值更是高达1500万英镑。但在我国，由于人们对足球的热情并不太高，致使转播价值难以达到如此高的价格；而且，在赛场做广告的企业通常都有广告直播的要求，俱乐部为赚取广告费有时不得不向电视台支付转播费和劳务费。我国竞技足球市场发展得还不是太完善，致使其商业价值过低。我国人口基数庞大，潜力巨大，竞技足球市场蕴藏庞大的价值，具有眼光的投资者都不会轻视这样的投资目标。我们支持中外交流与合作共同推进竞技足球市场的发展。国际上著名的俱乐部都有着专业的管理团队负责日常运营，使它们在竞赛激烈的职业联赛中立于不毛之地。我国足球俱乐部要向前发展应当改变结构单一、管理方式落后、商业意识短缺的状况，依托竞技足球市场，使中国的竞技足球俱乐部成为自负盈亏的经济体。

第三节　中国足球协会自身的被害预防

中国足球协会自身的被害预防，是指从中国足球协会自身被害性角度入手，通过分析中国足球协会自身因素和环境被害因素，采取各种措施和手段减少中国足球协会的易于被害性，积极防止初次被害和重复被害的一种犯罪预防活动。其中包括克服被害人自身被害主动性和克服被害人自身被害被动性两种方法和路径。

一、克服中国足球协会的被害主动性——创新和发展管理体制

克服中国足球协会的被害主动性，指的是中国足球协会用自己的力量采取措施和手段减少自身带有的被害主动性，最终达到预防竞技足球犯罪被害目的的一种方法和路径。中国足球协会的被害主动性表现在其对自身的管理行为缺乏良好规范的前提下对竞技足球不正当的干预，其被害的根源在于管理体制缺乏规范导致其被害，因此转变中国足球协会原有的管理体制，构建新的管理体制是克服中国足球协会自身被害主动性的最佳选择。

（一）转变中国足球协会的体育公共关系理念

要创新管理体制，必须先从理念上的创新做起。理念指的是一种对待事物的基本观点和基本立场。体育公共关系的理念是指体育组织在思想上必须有同它周围的各种公众，包括内部和外部的人建立起良好关系的意识，它运用体育组织形象塑造的方式来达到服务体育组织的目的。适应社会发展的需要，体育公共关系作为一种营销手段越发受到各体育组织的重视。中国足球协会的本质是一个行业协会的体育组织，其面对的公众是复杂而多变的，怎样才能摆正自己的位置，并运用其体育公共关系的种种活动，协调并改善本组织的内部和外部关系，怎样才能让公众增加对本组织的了解、信任并与本

组织合作，为组织的生存和发展提供一个优质的环境，重点就在于它能不能运用正确的体育公共关系理念来指导其实施公共关系行为。中国足球协会从成立发展到现在，从来没有间断过进行各种体育公共关系的活动，尤其是面对那些重大事件和变革挑战的时候。不过，毫不讳言地说，若干年来中国足球协会的公共关系活动让我们也清楚地了解到中国足球协会并没有真正意识到体育公共关系的重要性，其指导实施公共关系的理念有偏差，对公共关系的认识程度是不全面和不深刻的，明显的标志就是其公共关系活动具有非常明显的短期行为特征，不够主动、系统性缺失和没有连续性❶。

1. 重视形象塑造

形象塑造理念是体育公共关系理念的核心，良好的组织形象将成为一个体育组织的无形资产。中国足球协会对于自己组织形象的塑造必须重视起来，必须深刻地认识到一个良好的组织形象对于一个组织的生存与发展是有重大意义的。中国足球协会组织良好公众形象的树立，首先，与中国足球运动管理中心之间的职能关系是必须分清的，将自己的位置摆正，本组织的性质及其发展方向必须认清。只有通过这种途径，才能使其在公共关系中能够准确地把握自己，能够准确处理自己与所面对的公众之间的关系。其次，要将组织内部的管理思想进行统一，中国足球协会的形象要求内部管理人员必须要自觉关注，一定要充分认识到组织生存与发展的生命线就是组织形象，同时要求组织成员对建树中国足球协会形象的态度要积极，在自己的行为、语言和工作中体现和塑造中国足球协会的良好形象。最后，要将各种途径的效用充分发挥，特别是通过联赛这种影响力非常大的活动，向所有公众展示组织先进的管理理念、工作成就和立场等，达到进一步树立组织形象的目的。因此，中国足球协会只要能够重视组织形象的树立，充分挖掘出体育组织形象的价值，时刻把塑造良好组织形象当作一项重要工作内容来实施，这样就能使组织一直处在一个和谐稳定的发展环境中。

2. 更新管理理念

组织存在与发展的重要条件是公众需求，中国足球协会必须在理念上有

❶　娄道舰，孙继龙.论中国足球协会的体育公共关系意识［J］.湖北体育科技，2005，24（6）：25.

这个意识，它在设计自己的公共关系行为时必须以公众利益为其出发点，这也将成为中国足球协会新的管理和经营理念的重要组成部分。从"以自己为中心"进步到"以公众为中心"，实质上这就是管理理念的一种转变。在现代经济发展中，组织生存与发展的前提一定是公众的需求，这是每一个体育组织都一定要清楚地认识到的问题，长久服务于公众的组织，才能够得到长久的生存与发展。如果对公众的服务被忽视了，或为了获取自身的利益不惜牺牲公众利益，那么失去公众的信任、合作与支持就将会是中国足球协会必须面对的困境，同时公众的交往需求也将失去，最终的结果就是彻底失去自己生存所需要的土壤。例如，中国足球协会在面对如何处理自己和各足球俱乐部的关系时，如果自身利益被过分地考虑，对俱乐部的服务被严重忽视，其结果就是中国足球协会和俱乐部不断上演的利益冲突，矛盾频出。试想如果各足球俱乐部接二连三地倒闭，球迷不再会对中国足球协会保持信心，中国足球协会也将失去很好的生存和更好的发展机会。因此，服务公众的理念是中国足球协会必须要求自己具备的思想意识，以公众的生存与发展作为一切工作的起点，让自己的服务使公众产生服务需求，将服务与管理的关系处理好，这样就能保证组织旺盛的生命力。

3. 加强协调意识

公共关系工作的本质就是要协调做好各种关系，预防和化解组织的各种矛盾和危机❶。中国足球协会如果想要做好这些工作，首先，必须尽力培养组织成员良好的协作意识和谅解精神，组织内部成员之间沟通渠道的畅通，组织内部各部门之间要加强联系，营造一种相互支持、信任与合作的内部组织气氛。其次，要积极展开对外的联络工作，促进公众对于中国足球协会工作的广泛支持与合作，妥善避免、化解组织与外部的公共关系危机。例如，2012 年国内足坛传得沸沸扬扬的"黑哨"和"假球"事件，导致中国的体育公众纷纷向中国足球协会表达对其工作和管理的极大不满，让中国足球协会的组织形象惨遭滑铁卢，一度跌向低谷。中国足球协会的公共关系工作在这个时候就会表现出它的重要性和关键性。面对公众纷涌而来的信任危机，中

---

❶ 娄道舰，孙继龙.论中国足球协会的体育公共关系意识［J］.湖北体育科技，2005，24（6）：26.

国足球协会充分展示了自己的公关能力，重视沟通与协调，利用各种渠道广泛地与全国公众做真诚的交流。中国足球协会管理的加强、司法及时地对"黑哨"介入调查，公众从这些工作中看到了中国足球协会工作的态度是好的，解决问题的决心是有的，于是公众也就恢复了对中国足球协会的信任，最终中国足球协会得到了公众的理解和进一步的支持。因此，对各种关系的协调意识是中国足球协会及其公关人员必须加强的素质之一，这样可以保证中国足球协会能够及时发现并化解组织面临的各种公关危机，中国足球协会的公共关系的目标才能最终实现。

（二）创新和发展中国足球协会管理体制

诺斯路径依赖理论的核心是认为人们现在做出的某种看似偶然的选择实际在某种程度上又是必然的，因为这种选择可能会与人们过去做出的选择有关。沿着既定的历史路径，经济和政治制度的变迁非常有可能就进入了良性循环的既有轨道，于是得到迅速优化；也有可能原来的轨道是错误的，但是由于惯性作用，它们也会顺着原来的错误路径往下滑。当今的中国，市场经济体制正在逐渐完善，社会也在不断发展，足球运动管理中心管理体制下的"双重身份"就会使得政府组织和社会团体之间的责权利不能均衡分配，中国足球职业化改革的深入发展就被严重阻碍了，而这种状态又让政府不得不承担一定的政治风险，使政府的公信力遭到质疑。

依据诺斯的路径依赖理论，如果中国足球协会对目前的管理体制没有进行改革与创新的念头，那么中国足球的发展将会在原来的错误路径中继续往下滑，要想避免这种情况的继续蔓延，政府组织与社会团体明确分配责权利的改革与创新的推行是势在必行的。当然在中国足球职业化进程中进行的制度改革与创新必须结合中国的国情，以美国为代表的完全市场主导型模式虽然好，但我们不能照搬，以法国为代表的政府、社会合作型模式很出色，但是我们同样也不能完全依照。中国应该继续发展与完善适合中国国情的管理体制，形成具有中国特色的"政府主导、依托社会、各司其职"的具有"小政府、大社会"性质的组织管理体制。在制度改革与创新中最关键之处在于转换政府职能，也就是发挥政府的宏观调控功能，使社会体育组织实体化的改革目标得到落实，职能定位要按照市场经济的规律进行。政府应该适当让渡权力，让实体化的中国足球协会承担真正意义上的责权利。政府与社团之间的责权利关系就被理顺了，使得足球协会成为具有自我发展活力的权利完整的社会团体组织，部门本位主义的问题从根本上得到解决，政府职能部门就可以把自己的位置找准，能够站在国家高度监控中国足球运动的发展，同时那些潜在的政治风险也就不再存在了。

1. 确立"管办分离"改革的最终目标

（1）"管办分离"的概念界定。新公共管理理论是 20 世纪 80 年代以来主要在英国、美国等西方国家兴起的一种理论，现在它正在深刻地影响着不论是发达国家还是发展中国家的行政管理模式。这种理论主张政府要实行宏观控制、制定政策、监督职能必须与执行、服务职能进行分离；实行市场化的公共服务；强调企业化的管理。这种思潮彻底颠覆了政府行政的传统架构、管理理念和服务范式，导致了世界范围内许多领域以及政府管理方式的转变，即将政府直接办的职能向间接监管的职能方向转变，称为管办分离❶。我们完全可以把管办分离认为是一种新兴的改革模式，也可以认为它是一种有效的制度安排，更可以把它当作是一场复杂的体制革命，是在转变政府职能、提高资源配置效率等目标的基础上，实现"管"与"办"适度的对立统一。管办分离，顾名思义就是政府监管者与举办者职能的分离，指政府公共管理职能（管）与出资人职能（办）的分离❷。管办分离改革就是指政府要主动将"办"的职责交付给承担公共服务供给职责的部门或社会组织，而自身则只履行起管的职责，负责社会的宏观调控与监督即可。

谭建湘教授❸认为"管办分离"概念包含两层含义：一是中国足球协会外部大的"管办分离"，也就是足管中心和中国足球协会的分离。足球管理中心是政府的代表，中国足球协会是民间社团，是民众的代表，要彻底分开这两者的责权利，体育总局下属的足管中心只能负责管的工作，中国足球协会

---

❶ 刘苏，张林.中国职业足球"管办分离"改革的逻辑分析——从质疑与反思到完善与创新［J］.成都体育学院学报，2013，39（11）：53.

❷ 赵立波.事业单位管办分离若干重大理论与实践问题研究［J］.中共福建省委党校学报，2012，（2）：78—85.

❸ 黄嘉鑫.制度改革，谁的梦［N］.南方都市报，2013-07-20，（A01）.

则负责办的工作，中国足球协会接受足管中心对它的监督和管理。二是中国足球协会内部的管办分离。中国足球协会"管"的事项也就是它的职责主要包括：青少年足球的普及、校园足球、女子足球、足球文化等；而需要"办"的事项则从中国足球协会内部分离出去，如职业联赛的运作这种具有"办"性质的事务交由职业联盟处理，而中国足球协会只负责管的事务。很明显"管办分离"概念的界定有不同的侧重点，有的侧重于在政府层面进行职能转变。他们认为，"管办分离"和"管办机构的分设"是两个不同性质的概念，当然机构设置分离的方式也可以成为"管办分离"的一种方式被运用，不过管办分离的目标也可以在机构设置不分离或不完全分离的情况下得以实现。有的则主要侧重于管理结构的分离，认为既然机构已经分离了，那么政府职能当然就要跟着分离。

本研究认为，"管办分离"不仅指需要将管与办的机构进行分设，而且还需要将政府的职能进行分离和转变。管办机构的分设指中国足球协会和国家体育总局之间、中国足球协会和足管中心之间以及中国足球协会和职业联赛之间的分离；政府职能的分离也就是要将职业联赛本身的所有权、经营权、监督权进行适度的分开，将中国足球协会既要举办赛事又要进行赛事监管还要参与赛事经营的不合理的状况改变过来，专门成立与以往不同的机构来实施办赛。中国足球协会不能再对职业联赛的经营运作直接参与，而是要把主要精力投放在对职业联赛的监管、政策的制定、职业联赛的宏观调控以及落实社会责任等职能上；政府职能转变是指以政府作为职能运行关怀目标的政府本位论向以社会作为职能运行关怀目标的社会本位论的转变，将管制型政府向有限政府、服务政府以及引导性政府转变。

（2）"管办分离"改革的终极目标。中国职业足球"管办分离"改革的最终目标应当是职业联赛的控制权由中国足球协会向俱乐部的转移，构建一个由政府、市场、社会共同参与的现代化的职业足球治理结构，形成一个能有效协调政府决策机制和市场机制的职业联赛体制机制[1]。中国竞技足球要想能够脱胎换骨，获得重生，竞技足球期望得到健康良性的发展，中国足球协会

---

[1] 刘苏，张林. 中国职业足球"管办分离"改革的逻辑分析——从质疑与反思到完善与创新［J］. 成都体育学院学报. 2013, 39（11）：56.

只有做到有所为有所不为，痛下决心进行自我改革。

第一，制定制度和规则时必须优先考虑职业足球准公共产品属性。我国竞技足球管理者首先要明确顶层设计的目标，这是制订一切科学的实施方案，设置合理的管理机构以及选择好的资源配置方式的首要前提。尤其是在制定制度和规则时，要对职业足球准公共产品属性进行充分考虑❶。西方发达国家政府一直以来都将职业足球视为一项社会公益活动，而且具有极大公共影响力。如2011年英国政府发布的《英国足球治理报告》提到：足球比赛深刻地影响了教育、健康、社会融合等各个方面的发展，同时作为文化产品和休闲服务它也极大地影响了人们的日常生活和消费。

在2007年欧盟委员会在其发布的《欧洲体育发展白皮书》中提到：以职业足球为代表的职业体育在国家社会生活的七个方面起着重要的作用，包括它促进了公共健康、增强了公民意识、加强了社会融合、有效抵制了种族主义与暴力、较好地发展了对外交流关系，以及对环境的保护等。我国的职业足球改革既要参考西方发达国家赋予职业足球公共职能的做法，同时还应当赋予其实现一定的政治和社会责任的职责，比如为国争光、振奋民族精神等。我国以公有制为主体的社会主义市场经济体制决定了足球运动必须肩负这一历史使命，在今后相当长的一段时期内这种使命将会继续存在。很明显，与西方国家相比，我国职业足球更具有准公共产品的属性，甚至在某种程度上直接可以认为足球赛事就是一种公共产品。因此，我们设计的具体改革方案，其根本应该是满足人民群众的体育消费需求，而这些需求正在日益增长，是多样化的和多层次的；还要以市场机制作为手段，逐步增加对人民群众的有效供给，包括体育物质产品和服务产品的供给；与此同时，我们的改革方案还要将竞技水平、国家队成绩、奥运战略也一并考虑在内。我们既要根据经济学的市场机制和产权制度理论，更要依循社会学关于社会的政策理论和政治学上的公共政策理论来制定改革方案。简单地借鉴和套用经济体制的改革经验和做法，而不考虑职业足球的公共产品属性，这样的"管办分离"改革方案绝对是不完善的和片面的，它将因缺乏针对性和可行性成为一纸具文。

---

❶ 刘苏，张林.中国职业足球"管办分离"改革的逻辑分析［J］.成都体育学院学报，2013，39（11）：56.

第二，实现职业足球联赛中的"管办分离"。分析职业足球联赛的供给链条我们可以看出，"管办分离"中的"办"的权利就是指生产者的权利，是职业足球联赛产品的具体生产环节（比如具体运营职业联赛等微观的管理权力），这个环节应该由理事会负责，再由理事会决定是否通过委托或授权给有相应资质的中超公司、体育中介组织、非营利性社会组织、营利的私人体育机构等实体具体实施；而"管办分离"之"管"的权力则是指供给者的权力，主要是指足球主管部门应该履行的职能❶。比如说职业足球的总体规划、宏观指导、监督管理、准入制度、政策法规等方面。足球主管部门对于职业联赛的生产不应该再有任何理由直接参与，对职业联赛直接生产者独立实施的内部管理行为也不得无理干预，最终的目的是完成职业联赛的控制权从中国足球协会手中转移到俱乐部手中。

足球主管部门的政府职能通过这种"管办分离"改革的推动就能实现转变，市民社会在这个转变中崛起和草根组织也由此得到成长，政府与社会组织建立起平等互惠的伙伴关系，一个现代化的，由政府、市场、非政府组织共同组建的职业足球治理结构最终形成。管办分离改革最成功的范例是广东五人足球协会的成立，这个体育社团以完全去行政化的方式进行管理，其成功的运作模式成为职业足球的管办分离改革的典范。2012 年，按照国务院文件精神"先行先试"，实行管办分离改革，广东省体育部门成立了省级足球协会——广东五人足球协会，这个协会自行操办各地联赛。他们是全国第一个把业务主管单位全部变为业务指导单位的社会组织，也是第一个没有政府主管单位的社会组织。❷ 各级竞技比赛的行政垄断被突破，原有的体育体制机制被改革和创新，广东五人足球协会让各级足球主管部门实现了从"办体育"向"管体育"的转变，各类主体办体育的积极性被充分调动，社团组织的民间化、自治化、市场化发展模式得以形成。

❶ 刘苏，张林.中国职业足球"管办分离"改革的逻辑分析［J］.成都体育学院学报，2013，39（11）：56.

❷ 胡小明.中国体育改革的突破口——打开转变发展方式的制度性瓶颈［J］.体育与科学，2013，34（1）：26—27.

2.转变政府管理职能

各级政府主管体育事务的职能部门就是政府体育行政部门，由于其主观上深受管办合一、管办不分的管理逻辑思维的影响以及对原有管理路径过分依赖意识的存在，其作为社会组织和市场组织的代理人直接兴办体育的职能被人为地强化了；相反的，其管理体育事务的正常职能却被人为地弱化了，这必然会挤压社会和市场兴办体育的空间，导致了在对职业体育监管过程中政府的缺位，形成了社会组织、企业组织、社会资本、民间资本进入职业体育的壁垒❶。中央对于未来行政体制改革的旨意是"政府放权，民间接棒"，国家体育总局也曾经制订过"大协会，小中心"的改革方案。我们可以在这种改革的大背景之下对管理机构进行重置，目的是推动体育行政部门的机构改革，促进体育行政部门的职能转换，同时将政府与市场之间、政府与社会之间的关系进行妥善处理。因为，管办分离改革是一项重要措施，能够在推进政府职能转变的过程中起到很好的作用，同时它也是转变政府职能的必然要求和逻辑体现。在逻辑上，政府职能转变是职业足球"管办分离"和政府职能的转变的必要要件，没有体育行政部门就不会有"管办分离"的提出；如果"管办分离"不能实现，政府职能转变也会成为空谈并流于形式。因此对于转变政府职能应该有以下要求。

（1）变革和重组中国足球协会的主管结构。首先将足管中心管辖部门重组，使重组后的机构不参与、不主管实际的业务，而将重心放在为国家队建设、青少年足球后备人才培养、社会公益活动开展提供相关的法律法规、制度、政策等；加大足球运动普及和推广的力度，提高足球项目的社会影响力，夯实足球职业化发展的基础，协调国家队、俱乐部、运动员的利益，为国家队训练、参赛提供完善的条件保障。其次是中国足球协会恢复重建委员会模式，利用委员会来管理中国足球协会工作。

（2）改革中国足球协会的人事制度和工资分配制度。改革中国足球协会的人事制度和工资分配制度，实行行政人事组织关系的分离，实行工资与效益挂钩和全员聘任制，使其成为自主管理、自我发展、自我约束的法人实体。

---

❶ 刘苏，张林.中国职业足球"管办分离"改革的逻辑分析［J］.成都体育学院学报，2013，39（11）：57.

（3）中国足球协会彻底去行政化。借鉴国际足联和亚足联，以及其他会员协会的设置方式，将中国足球协会从体育总局剥离，进行机构重设，使其彻底去行政化，还原其作为社会团体的民间组织身份。解决政府管理与行业自律管理错位和紊乱的问题，形成政府支持协会、协会依托社会和市场、社会和市场自主办体育的新型体育社会化和产业化的发展格局和运行机制❶。

（4）中国足球协会和足管中心分离。为了避免自己监督自己现象的出现，将中国足球协会和足球管理中心分离是必需的，可以使二者形成一种组织架构，既各自独立又相互约束，同时还可以形成以民主协商、民主决策和民主监督为内涵的监督体制。尽管曾经的偷猎者可以成为最好的守护者❷，但我们认为监管者与被监管者之间保持必要的距离是必需的，这种距离可以防止监管者被"俘获"、是实现有效监管的重要条件。我国职业足球长期以来实行管办合一的职能结构与组织体制。在这种管办不分的体制下，中国足球协会既管理职业联赛又参与职业联赛的经营，公共行政权与经营权两种身份、两种不同性质的权力混杂，易于引发中国足球协会的权利寻租。因此，通过管理机构改革和政府职能转变，实现足球体制改革与机制创新，有效实现管办分离形式的多样化，将政府"管"与"办"的职责有效承接分离出去，从根源上解决管办不分的问题，实现程序民主和程序公正，保障球迷、俱乐部投资者等利益相关者的权益，避免足球领域的权利寻租等腐败现象。

3.完善中国足球协会的治理结构

中国足球协会作为民间组织的一种，它的权威应该来自组织自身的努力，通过向会员提供有效的服务、公正解决足球领域中的争端、为会员增加利润来树立权威，而不是依靠政府的行政权力转移。协会要维护会员利益，在决策机制上必须能够吸纳会员的意见，采取民主决策机制。现阶段，会员在协会领导人安排、重大事项的决策等方面缺少足够的话语权，需要对协会的治理结构进行完善。但是，我国的竞技体育在现阶段还主要依靠政府的支持，如果没有体育局系统的专业运动队，我国竞技体育的总体实力可能会走下坡

---

❶ 鲍明晓.职业体育改革与发展的中国路径［J］.体育科研，2010，31（3）：24-33.
❷ 克里斯托弗·胡德.监管政府——节俭、优质与廉政体制设置［M］.陈伟，译.北京：中信出版社，2009：7.

路。因此，在很长的一段时间里，政府对竞技体育的控制不会放松，足球作为影响力较大的集体性项目，政府必然会给予足够的重视。从我国国家与社会关系调整的趋势来看，政府将逐步从竞争性领域退出，能够由社会自主管理的事务政府就不再介入❶。要完善中国足球协会的治理结构，首先在决策机构的设立上要吸纳会员的参与，增加会员在决策机构中的比重；协会的主席经全国代表大会选举产生，主席负责其他人选的确定，并经会员代表大会通过后生效。其次，常设机构通过招聘的方式遴选工作人员，使他们在竞争机制的约束下廉洁自律。进行这样的制度设计，目的是使协会真正成为会员的利益代表，通过协会的行动维护会员们的利益。

（1）中国足球协会独立履行行业治理功能。在足球改革之初，由于我国的足球运动员隶属于各省市体委系统，将足球运动的行政管理职能交给协会有较大的合理性。中国足球协会与足球运动管理中心合署办公，可以借助政府权威在较短的时间内建立起职业足球体系。在职业足球俱乐部投资主体逐渐多元化、经营手段日趋市场化的情况下，足球产业的开发已经具备了一定的市场基础❷。作为独立的市场主体，企业家要考虑投资回报率，如果投资得不到应有的回报，资本会选择"用脚投票"，除非企业家手中的资本来自公有产权。如前所述，职业足球竞赛产品具有团队生产特征，需要俱乐部之间的合作才能生产出来，如果没有特定的组织协调俱乐部之间的行为，这样的竞赛产品质量就无法得到制度上的保证。足球协会等单项运动协会就是这样产生的，它不仅有节约交易成本的功能，而且也是足球竞赛产品的生产中不可或缺的中介组织。根据国际惯例，足球协会应该是非营利体育组织，是在会员一致同意基础上形成的组织，它必须能够代表会员的利益，其领导层的产生要通过严格的选举程序。协会根据章程的规定管理足球运动，对违反足球行规、行约的行为进行惩治，从而维护大多数会员的利益。会员可以选择加入足球协会，也可以选择退出，进入与退出机制迫使协会不断提高自身的管

---

❶ 孙晓莉.中国现代化进程中的国家与社会［M］.北京：中国社会科学出版社，2001：78.

❷ 马志和，等.中国足球协会管理体制的制度创新［J］.武汉体育学院学报，2006，40（10）：8.

理效率，为会员提供更好的服务，最大限度地维护会员的利益。中国足球协会名义上也是社团组织，但在足球运动的管理上更多地在运用行政垄断权力，其治理结构决定了协会更加重视政府利益，而不是协会成员的利益。作为改革初期的过渡性机构，足球运动管理中心已经成为深化改革的障碍，可以由中国足球协会独立行使行业管理权。

（2）根据市场规律运作足球产业。中国足球近年来运转不灵，社会各界反响强烈，部分职业足球俱乐部提出了成立职业足球联盟的利益诉求。由于项目管理中心的存在，以及协会治理结构的缺陷，这一来自市场主体的诉求没有得到决策层的认可。中国足球协会认为职业足球联赛的所有权归自己所有，因为中国足球协会是经过国家体育总局授权的、国际足联唯一认可的组织。俱乐部则认为投资人应拥有联赛产权，因为联赛是职业足球俱乐部联合生产的体育产品，应由作为市场主体的俱乐部自主经营。一种产权安排是否有效率，主要取决于它是否能为在它支配下的人们提供将外部性较大地内在化的激励❶。大多数经济学家认为，一项资产上完备的产权包括使用权、收益权和让渡权。物品的产权是一束权利，这一束权利归同一人所有，并不一定是最有效率的，把同一物品的产权分开，归不同人所有，可能效率会更高❷。产权归谁所有不是什么重要问题，关键是谁来使用的问题。谁有能力，谁能使资源有效使用，谁能使生产要素得到最佳配置，谁就应该是产权的使用者。中国职业足球联赛运作的主体是职业足球俱乐部，这是不容置疑的，没有足球俱乐部就缺少了联赛产品的生产者，因而职业足球俱乐部应该是联赛产权的主要拥有者。从效率的角度来看，作为市场主体的职业足球俱乐部在经营联赛上有一定的优势，俱乐部投资人必然关注资产的保值、增值，必然在球队的建设、产品的经营上不遗余力。

目前，应改革与完善中超委员会，由中超公司自主运作联赛。中国足球协会根据协议获得联赛经营的部分收益，将自身定位在发展青少年足球运动、加强国家队建设及服务会员上，并依章程对联赛进行监管。中超公司由投资

---

❶ 马志和，等.中国足球协会管理体制的制度创新［J］.武汉体育学院学报，2006，40（10）：9.

❷ 程恩富，胡乐明.新制度主义经济学［M］.北京：经济日报出版社，2005：27.

人或其代理人组成董事会，聘请首席执行官或总经理负责联赛的整体运作。中超公司将中超俱乐部的利益捆绑在一起，对职业足球进行"一揽子"营销，对违反联盟章程的行为进行严厉的处罚，从而维护绝大多数中超俱乐部的利益。中超公司联合各俱乐部，协调并约束会员俱乐部之间的经济竞争，使各俱乐部在规则和章程的制约下进行商业化运作。中超公司就像经济上的"卡特尔"，为了实现各俱乐部经济上的利润最大化，在协调足球产品的生产和定价决策方面达成正式协议，采取集体行动进行足球产业开发❶。

（3）政府规制与市场机制的良性互动。职业足球管办分离改革要想取得实效，找到市场与政府之间的最佳结合点是关键，政府规制范围和界限必须确定，政府规制能力要与市场能力相匹配，市场机制和政府规制两种作用力在职业足球发展过程中的作用必须是一种良性互动❷。管办分离改革的实质就是一个社会团体组织去行政化的过程，也就是说政府的规制能力最好只放在"补充和调节市场机制"方面，而不是要主动去替代和摒除市场机制。不过，职业足球市场发育的程度将决定政府规制何时出现、为何出现、如何介入，以及介入的程度如何等问题。在政府和市场之间产生"双螺旋"结构的过程中，维护经济运行秩序的手段有两种，一种是市场机制，另一种是政府规制。市场主体的行为通过市场供求关系得以自动调节的是市场机制，这种机制实现了资源的最优化配置；市场主体的行为通过政府有意识的制度安排加以规范是政府规制在发生作用，这种规制能够实现资源的合理化配置。

我国职业体育的发展路径沿用行政推动型，这是政府体制改革的惯常路径，决定其生产方式的是政府的计划和财政的投入，区别于按照市场经济的供给需求逻辑运作的模式。20世纪90年代，为了改善原有体制的弊端，我国足球率先转变由传统的"举国体制"对体育资源实行配置的模式，逐步转换和过渡到以市场机制配置体育资源的职业化的新体制模式，体育资源的供给与配备随之由计划经济机制逐步向市场经济机制转变，最早进行了职业化

---

❶ 马志和，等. 中国足球协会管理体制的制度创新 [J]. 武汉体育学院学报，2006，40（10）：10.

❷ 刘苏，张林. 中国职业足球"管办分离"改革的逻辑分析 [J]. 成都体育学院学报，2013，39（11）.

改革，原来属于体育行政部门的运动队被予以实体化和公司化的俱乐部改制。转轨时期，职业体育体制的特点就是产权多元化局面和双轨制格局（政府与市场）的资源配置方式的共存。市场经济很不发达，体制性障碍依然在限制着市场机制发挥作用，市场在资源配置中仅只发挥了非常有限的作用，由于强大历史惯性的存在，传统的政府机制在职业体育的运行中仍然继续发挥着巨大的作用，制度真空在新、旧体制之间客观地存在着，这就为政府能够有条件地代替市场机制来行使其职能提供了可能。政府规制可以替代一部分市场机制——这部分被替代的市场机制的特点是尚未发育的、残缺的或运行失效的——来行使资源配置的功能，克服那些尚未发育或残缺的市场不能配置资源的弱点❶。这个时候的职业足球，处在政府规制能力比较强而市场机制作用比较弱的阶段，二者之间是相互替代关系，并且政府规制是主要的，市场机制仅为辅助。这是职业足球实施管办分离的次优阶段。不过，这个阶段要注意，我们在充分发挥政府规制的能力的同时必须有效防止政府的行政权力的扩张和行政垄断的倾向，避免政府规制出现的"越位"。同时也要注意避免政府的不作为，避免陷入"政府规制失灵的同时市场调节也失灵"的困境。

　　政府对足球市场的精心培育使市场机制得到健全和完善，完善的市场逐步消除了自身的欠缺，与日益强大的民间体育组织一起希望政府能够转变职能，将自己的规制范围缩小，把权力让渡给市场、社会组织和非政府组织，使市场机制有效配置资源的力度得到增大，逐步形成一种以市场机制为主政府规制为辅的良性互动局面。随着政府职能的逐步完善和市场机制的逐步健全，政府规制能力得到增强、市场机制作用也在不断增大。政府规制能力和市场机制之间相互促进和共生的状态是职业足球管办分离改革的理想阶段，但却是一种假想状态，因为在现实的市场经济环境下这种状态是不可能达到的。可见，随着条件的变化，市场机制和政府规制二者的作用力也会相应地发生变化。强制性是政府规制的最大特征。执行职业足球的政策、公共物品的提供、外部性问题的解决都需要借助强制力来实现，而这种强制力的实质就是政府对市场的行政支配力。不过这种强制力具有很强的扩张性，容易形

---

❶　刘苏，张林.中国职业足球"管办分离"改革的逻辑分析［J］.成都体育学院学报，2013，39（11）.

成政府的干预过度。因此，实现职业足球政府规制和市场机制的良性互动，可以实现体育资源的优化配置，对于真正实现职业足球"管"与"办"的职能分离具有重要意义。

二、克服中国足球协会的被害被动性——开发职业足球市场

克服中国足球协会的被害被动性，指的是中国足球协会用自己的力量采取措施和手段减少自身带有的被害被动性，最终达到预防竞技足球犯罪被害目的的一种方法和路径。既然中国足球协会因其对职业足球市场的开发不足导致其成为竞技足球犯罪的被害人，那么克服其不作为的状态，对职业足球市场进行合理开发就能避免中国足球协会再次成为竞技足球犯罪的被害人。尽管全社会对于中国足球协会对职业足球市场的管理一片申讨之声，但本研究认为，存在的就是合理的，在社会转型时期由中国足球协会继续管理职业足球市场也未尝不可，只是中国足球协会必须切实做好职业足球经营者的角色，对职业足球真正运用市场手段加以管理，做好职业足球市场的开发工作。

所谓开发职业足球市场，是指运用商业性手段经营竞技足球的一种经济行为。竞技足球犯罪人实施犯罪的目的不外乎获得非法的经济利益。开发职业足球市场，转变中国足球以往的收入来源结构，将比赛日收入、电视转播收入及相关赞助收入和俱乐部的商务开发收入作为竞技足球收入结构的主要来源，提高竞技足球参与人的收入，将有效地避免竞技足球犯罪的产生，进而预防竞技足球犯罪被害人的产生。根据欧洲及部分亚洲职业足球俱乐部的成功运营经验，可以把职业足球俱乐部的主要收入来源划分为三个方面：比赛日收入；电视转播及其相关赞助；俱乐部相关商业开发。成熟的职业足球俱乐部以前两个部分为主要收入构成，通常占据整体收入的八成以上，这种现象与球队的竞技经营有关。也就是说，球队踢的好不好看，成绩好不好，这些都源自足球比赛本身。而商业经营则是对球队或者球星的包装、策划、推广，由此获得收入，通常仅占据整体收入的两成。因此本研究认为开发职业足球市场是目前预防中国足球协会，甚至是所有竞技足球利益相关主体成为被害人的最好方式。

（一）开发比赛日收入

比赛日收入，其中主要就是门票收入，门票经营状况的好坏直接关系到俱乐部财务收支的盈亏。高额的门票收入是俱乐部得以生存的前提条件之一❶。门票收入反映了观众对比赛的满意程度，是衡量俱乐部经营优劣的重要标志，因而各俱乐部都十分重视研究观众上座率与门票收入情况，并采取一切可能的措施将观众吸引到比赛场上来。如实行主客场制、为观众提供各种服务与便利、为观众参与比赛创造各种条件与营造氛围。通过市场调查明确消费人群与科学制定门票价格、向球迷推出价格优惠的各类套票等。一些欧洲豪门职业足球俱乐部门票销售情况比较好，与"以球迷消费为核心，提供全方位服务"的俱乐部营销理念有直接关系。职业足球俱乐部产品市场是由球迷消费者的需求构成，比赛紧张激烈的对抗程度是俱乐部产品的核心，也是消费者观赏比赛的利益所在。中超元年，22轮联赛观众总数为145万人，平均每场为1.1万人左右，与欧美国家每场观众2万～5万人相比是一个很低的数字，说明我国对足球的需求处于买方市场，缺少忠实顾客，但市场需求潜力巨大。当初，中国职业足球联赛刚刚进行时，中国足球协会官员们的目标是"把球迷们请回到球场来"，他们做到了这一点。1995年，到现场观看甲A足球联赛的观众已达到314万人次，平均每场观众超过2万余人，个别赛区上座率高达95%，接近足球发达国家的水平。

（二）开发电视转播及其相关赞助收入

1. 开发赞助与广告收入

赞助与广告收入在俱乐部资金来源中逐渐占据重要位置，对保证俱乐部收支平衡发挥着重要作用。赞助与广告虽然有本质上的区别，但两者之间又有必然的联系，其目的都是希望通过体育比赛提高企业或公司的知名度，促销自己的产品，赢得商业上的利益。各俱乐部凭借自己在所处地域的知名度以及足球项目特有的宣传效果，想方设法吸引众多企业或公司向俱乐部投入

---

❶ 哈利·哈里斯. 颠覆足球 [M]. 北京：团结出版社，2004：11–16.

高额的赞助费用❶。赞助与广告收入是所有中国足球俱乐部的衣食父母。以国安足球俱乐部为例：首都政治经济文化的影响对于以"冠名权"收入为主要经济来源的中国足球俱乐部来说是一种优势，因此北京的足球俱乐部受到更多国际国内企业的关注，北京现代汽车在2003年一进入中国市场便同俱乐部签订了三年的冠名权，耗资1.18亿元。也就是每年向国安足球俱乐部提供近4000万元的冠名费用，占俱乐部2003年收入的60%；另外，耐克的广告场地赞助能占10%左右，再加上其他的一些广告赞助，以及10%的门票和产品授权就是总的收入构成了。即使如此，从财务上看，也只有将中信国安每年将近4000万元的投入算作俱乐部的营收才能够基本达到收支平衡。

再比如中超的商业赞助问题，2006年，来自欧洲的网络公司爱福克斯与中国足球协会签订了6年的赞助合同，爱福克斯当年给予中超的赞助款为600万欧元。这样加上"恒源祥、正大、NIKE"等副冠名的赞助，中超公司当年的总收入将超过1亿元人民币。在扣除运营成本后中超公司的年终盈余也在8000万元人民币左右。而当时据称最让15家俱乐部心动的是，中国足球协会同意将自己在中超公司的分红比例由原先的36%降低到10%，各中超俱乐部的分红比例因此由初定的4%上升到6%。这样按照各中超俱乐部6%的分红比例，各俱乐部那一年将从中超获得近500万元人民币的年终分红。足以可见赞助对于中超俱乐部来说绝对是一个巨大的收入来源。

因此，中超俱乐部在广告赞助的经营开发上应该加大开发力度，增强品牌意识，培养和生产能充分宣传俱乐部的媒介和产品，在广告赞助的招商运作上，不仅重视与大型企业的合作，还要关注小型企业的广告需求；转变只重视"短期效应"的错误观念，大力塑造俱乐部的"品牌效应"，充分发掘俱乐部品牌中蕴藏的商机和增值效应；同时，提高中超联赛的观赏性和影响力，并向国外先进联赛看齐。只有这样才能吸引广告赞助商的长期投入，提高职业足球联赛的收入水平，最终防止竞技足球犯罪的发生。

❶ 里斯.豪威.俱乐部运营［M］.北京：北京体育大学出版社，2005：1-5.

2. 开发电视转播收入

媒体转播费是职业足球俱乐部的另一个主要收入来源。因为在中国足球俱乐部中，电视转播所带来的每年 200 万元左右的收入也仅仅占总收入的 1%。而国外的足球联赛转播能够为俱乐部提供 30% 甚至是 40% 以上的收入。电视在英超发展的历史上扮演了一个重要的角色，电视转播收入对整个俱乐部内外的建设都是至关重要的。英超联赛与天空电视台第一个转播协议是 5 个赛季共 1.91 亿英镑。第二个合同，谈判结果是从 1997—1998 赛季开始，共 4 个赛季，转播费上升至 6.7 亿英镑。英超与天空电视台的第三个合同为 11 亿英镑，时间从 2001 年 8 月起，共三个赛季。电视台购买转播权后，再通过收费电视来达到赢利。在欧洲特别是英超，看职业足球比赛，不是去比赛现场，就是付费看电视直播。

在中国职业联赛刚刚开始的时候，中国的各支甲 A 俱乐部从电视转播中的收入只有靠同各地方电视台谈判得到。因为在中国职业联赛刚刚开始的时候，中央电视台买断了比赛的全国转播权。而地方电视台如果想要转播的话，只有通过和当地俱乐部洽谈的方式得到转播权。在 1997 年和 1998 年足球狂热时期，甲 A 联赛还是颇受关注的。国际管理集团主要经营当时国外包括中国香港方面的转播权，中国香港，以及东南亚等一些国家和地区还是很愿意转播的。大陆部分由中国足球协会直接授权央视。在几年前，甲 A 俱乐部的收益分成了两个部分，一个是当地电视台想要转播其比赛，需要付出的转播费用；另一个就是中央电视台付给中国足球协会转播权费用的一小部分。负责中超商务开发的福特宝公司将三年的中超电视转播权以 1.8 亿元人民币的价格卖给上海文广新闻传媒集团，三年的电视转播费用中有 50% 以上金额是文广集团以广告时段形式支付，而这部分广告时段将作为中超联赛赞助商的重要回报，所以这部分电视转播费用将无法分发到各个中超俱乐部的手中。

中超联赛和英超、意甲联赛在商业运作方面还存在很大差异，英超和意甲的管理者——英足总和意大利足球协会无须为联赛支付什么费用，基本都是各个俱乐部自己付费保证联赛的正常运行，而中国足球协会却必须为中超的启动和正常运行支付很多费用，所以将电视转播权中的一部分利益拿出来用于中超联赛的整体运作也是必需的。相比之下，国外的一些足球俱乐部简直就是生活在天堂。目前，世界上最富有的十家足球俱乐部，除了曼联以外，他们半数以上的收入是从电视转播中赚取的。英超参赛队从电视转播权中的最高获利甚至占到俱乐部总收益的 60%。影响电视转播权出售的客观因素包括比赛的质量，观众的上座率及收视率，裁判员的执法水平，比赛时段的安排，比赛的关注程度等。

本书认为，在各种媒体如此发达的当今社会，作为朝阳产业和眼球经济代表的竞技足球职业联赛必须充分开发各级各类媒体的转播资源，其收入无疑将是巨大的。开发各类媒体转播的收入不仅能够改变所有竞技足球参与人目前的收入结构，提高各种利益相关主体的盈利空间，从犯罪经济学角度考虑，也能有效防止竞技足球犯罪的发生。

（三）开发俱乐部相关商务

商务开发主要涉及俱乐部标志物的转让使用费、俱乐部标志产品（如运动服装、纪念品等）、会员会费、运动场地出租等体育竞赛相关产品的开发和利用。虽然商务开发在俱乐部收入中的结构比重不高，但它是俱乐部经营水平的一个重要标志。因为它相对更需要主动、冒险和开拓精神，对有目的地进行市场调查与分析以及制定完善的营销方案等有更高的要求。国外许多职业足球俱乐部为形成自身的造血机制，创造相对稳定的经济来源，都十分注重这一领域的经营与开发❶。

1.球迷产品

球迷产品的开发，也是足球俱乐部经营的重要内容。球迷们消费潜能的开发，同样也能吸引更多的赞助商，使得赞助商愿意花巨额来赞助俱乐部。球迷产品销售最普通的方式是标志商品的销售，其种类繁多，包括围巾、帽子、纪念章、玩具、T恤衫等。阿森纳每年通过销售标志产品的收入大约为500万英镑。而英超首富曼联则更多，在 2001 年他们的标志商品收入几乎是阿森纳的四倍。

---

❶ 张保华.现代体育经济学［M］.广州：中山大学出版社，2004：7-13.

2.球迷沟通

英超俱乐部十分注重和球迷的沟通，经常组织球队深入社区，接近普通球迷，与球迷组织进行联谊活动。同时还积极听取球迷代表的意见，改善俱乐部的服务，以吸引球迷的注意力，使球迷对俱乐部产生荣誉感、亲近感和归属感，使其从铁杆球迷变为铁杆消费者，这样就不难理解为何英超俱乐部价格不菲的标志商品会卖得如此火爆的原因。❶

---

❶ 史蒂芬·多布森.足球经济［M］.北京：机械工业出版社，2004：2-31.

第五章　足球俱乐部

第一节　足球俱乐部的被害概况

一、足球俱乐部概述

足球俱乐部是指以提高本国足球运动水平，创造优异运动成绩为根本目标，拥有由职业足球运动员组成的有资格参加全国职业联赛的职业足球队的体育俱乐部。竞赛表演是足球俱乐部的核心产品，人力资源的开发是其主要的生产活动。这些市场活动包括：提供场地、器材、运营资本和拥有操作性知识的生产者的是投资方；生产竞赛产品、劳动力商品的是教练，其扩大再生产的方式是进行人力资源开发；比赛衍生产品的开发，最大化俱乐部资源价值，这是俱乐部管理人员的责任；既是商品生产者也可以作为商品予以买卖的是运动员。这期间形成两种合约关系：投资者和他的代理人的关系（委托—代理）；代理人和他的雇员之间的关系（雇佣—被雇佣）。俱乐部是各种要素资源最终统一的管理性框架❶。职业俱乐部从新制度经济学角度来看就是一个多种要素的契约结合体，其中最主要的是人力资源。提高资源的利用率，使资源增值并满足各种利益主体需求的制度形式就是建立这种俱乐部。

1992 年 1 月 30 日，以一比三负于韩国国奥队的中国国奥队遭遇"黑色九分钟"后失去了到巴塞罗那参加奥运会的资格。1993 年 5 月 28 日，在 1994 年美国世界杯亚洲区预选赛小组赛中失去了晋级机会，因为中国国家队以零比一负于也门国家队。国奥队和国家队的连续失利可以说明当时的中国足球

---

❶　顾晨光. 新制度经济学视野中的中国职业足球俱乐部成长［J］. 山东师范大学学报（自然科学版）2006, 21（4）: 150–153.

已经陷入深渊。

二、足球俱乐部的公平竞争权

犯罪行为侵害的是被害人的合法权益，因此，准确把握好合法权益是全面认识犯罪被害人的关键之一❶。也就是说，作为犯罪被害人，首先必须享有既定的合法权益或权力，否则在客观上就不能受到侵害。《中国足球协会章程》第45条规定：职业足球俱乐部是在本会会员协会和本会相关专项委员会注册，参加本会主办的职业联赛，以市场运作为手段，以提高中国足球水平为目的，具有独立法人资格的组织。作为可以以市场运作手段经营竞技足球的具有独立法人资格的足球俱乐部，其在参与竞技足球活动过程中享有的权利应该是多方面的。为了使讨论范围不至于太宽泛，本研究将重点讨论足球俱乐部受到竞技足球犯罪侵害的公平竞争权。

（一）公平竞争权概念的确立

1. 经营者的公平竞争利益

经营者❷的"公平竞争利益"是经营者基于其自身的主体性要素而享有的利益。经营者自身就是此类利益的载体，因为所谓"公平竞争资格、不受不正当竞争行为排挤和损害的地位、通过公平竞争获取利润的能力"本身就是一种抽象的客观实在，因此不能和主体分离而单独存在，必须附着在某个载体上，这个载体就是经营者，经营者是作为利益主体的属性范畴。公平竞争利益表现为经营者有通过公平竞争追求利润的自由（但不表示经营者享有任何形式的现实利益），它不是某种现存的利益，而是追求利益的自由❸。

2. 经营者公平竞争利益的正当性

评判某种利益是否具有正当性不能孤立地看待利益主体和客体，而是要

---

❶ 杜永浩，石明磊. 论刑事被害人的界定［J］. 湖北警官学院学报 . 2003（2）：15.

❷ 本研究是在经济法学的意义上使用"经营者"这个概念，也就是说，本研究所言之"经营者"，是作为经济法主体之一种，对应于政府和消费者。在反不正当竞争法律关系中，经营者乃是指从事商品经营或者营利性服务的法人、其他组织和自然人。

❸ 笔者认为，利益既可以表现为现实存在的利益，也可以表现为追求它的自由。正是从这个意义上来说，"公平竞争资格、不受不正当竞争行为排挤和损害的地位以及通过公平竞争获取利润的能力"也是一种利益。

将利益作为主体与客体之间的特定关系来衡量❶。毋庸置疑，属于经营者的这些利益是正当的，并大多已上升为法定权利因为它们已得到法律的确认。这里的问题是，属于经营者的公平竞争利益正当性的理由在哪里呢？我们可以通过对经营者主体性和社会道德传统的分析来解决这个问题。"人类的特性就是自由自觉的活动"❷，这与经营者的特性是相同的——作为经济活动主体的经营者，能够自由自觉的活动就是其根本特点。经营者的主体性被法律确认，实质上就是法律已经肯定了经营者自由自觉活动。对于经营者个体来说，竞争的最终表现是自由自觉的活动。不竞争，无自由，（经营者）自由的实现过程就是竞争的过程。自由意味着竞争，竞争要求自由，也正因为如此，人们把自由与竞争合二为一，总称自由竞争。❸

经营者实现自由竞争、从事自由自觉活动的前提基础是经营者的公平竞争资格、不受不正当竞争行为排挤和损害的地位以及通过公平竞争获取利润的能力，因为公平是自由竞争的内在要求，不公平的竞争，不能真实体现经营者的自由自觉活动，所以不是我们所称的自由竞争。因此，公平竞争利益的正当性是由经营者的主体性本身赋予的。汰弱留强虽然是竞争的本质所在，经营者之间由平等转为不平等也许就是竞争的最终结果，但正因为竞争导致如此残酷的结果，恪守公平原则就更应该在竞争过程中得到遵守，严格的道德约束是经营者必须接受的制约——恃强凌弱被反对，竞争者在主体资格平等性上的确定，竞争自由的确定。经营者之间平等的市场主体地位和公平的竞争过程，从某种意义上说就是不公平的竞争结果的合理性基础——这就是公平竞争利益的正当性，当然这主要是指在社会道德传统中的正当性。对公平竞争的具体理解每个不同的主体有不同的看法，但是"公平竞争"这一概念在行政机关的文件、党的政策纲领以及各类行业协会的宣言和章程中并不少见❹，公平竞争的理念不仅引起了全社会的广泛关注而且已经越来越受到重

❶ 朱一飞. 论经营者的公平竞争权［J］. 政法论丛，2005（1）：66.

❷ 马克思恩格斯全集（第42卷）［M］. 北京：人民出版社，1979：96.

❸ 邱本. 论市场竞争法的基础［J］. 中国法学，2003（4）.

❹ 比如，国家工商行政管理局早在2000年5月做出的《对铁路运输部门强制为托运人提供保价运输服务是否排挤保险公司货物运输保险公平竞争问题的答复》，明确指出：在铁路运输部门强制托运人购买其保价运输的情况下，保险公司即具有无法或者难以获取货物运输保险交易机会的可能性，因而（该行为）排挤了保险公司的公平竞争。

视❶。公平竞争权作为一种法定权利虽然不能因上述事实的存在就被证明已存在，但经营者的公平竞争利益至少是符合已有的社会道德这一点是没有任何问题的。综上所述，经营者的公平竞争利益具有正当性。而利益的正当性评价结果在法律上表现为权利。❷ 因此，经营者就是其公平竞争利益的权利的享有者。

3.公平竞争权的概念和内涵

有学者对"经营者的公平竞争权"做了定义，指从事商品经营或营利性服务的自然人、法人或其他组织基于以公平竞争资格、不受不正当竞争行为排挤和损害的地位、通过公平竞争获取利润的能力为内容的公平竞争利益而享有的基本权利❸。本研究也是在这个定义的基础上对足球俱乐部的公平竞争权展开分析。公平竞争权的内涵应包括两方面的内容❹；一是相对于交易双方在交易中的地位的平衡性要求，如一方当事人滥用市场优势地位或其他影响公平竞争的行为，对方当事人的公平竞争权因此滥用行为而受损，该对方当事人有索赔权；二是相对于同业竞争者而言，如一方当事人滥用市场优势地位或其他影响公平竞争的行为，并使其他经营者损失了潜在的交易机会，其他经营者有索赔权。

（二）公平竞争权的属性

公平竞争权本身应该具有何种属性？也就是公平竞争权是何种类型的权利？邵建东教授认为公平竞争权可以被视为具有绝对权的效力，不过其究竟属于什么权利邵教授则没有进一步论述。本书认为，要处理好这个问题，首先要分析不同权利的本质，接着再将公平竞争权按它的性质进行归类。理论界对于物权并没有太多争议，物权指的是权利人所享有的直接支配其物并以

---

❶　2004年11月，上海专门举行"公平竞争与市场经济"国际研讨会，邀请美国商会副主席、日本竞争法研究会会长、韩国公平交易委员会竞争局局长、德国联邦卡特尔局长等专家学者、政府官员等出席，为中国竞争立法与竞争环境完善建言献策。

❷　彭诚信.从利益到权利——以正义为中介与内核［J］.法制与社会发展，2004（5）.

❸　邵建东.竞争法教程［M］.北京：知识产权出版社，2003.

❹　唐兆凡，曹前有.公平竞争权与科斯定律的潜在前提——论公平竞争权的应然性及其本质属性［J］.现代法学，2005，27（2）：149.

满足自身需要为目的而排除他人干涉的权利❶。它的本质是调整作为利益载体的物的归属，以及被权利人消费、利用以满足自身需要的一种法律保障，是法律对静态的物的权利划分与界定。人们主要通过债权来实现物权（自给自足等例外的情形毕竟很少），这是绝大多数权利人对物权的取得方式，尤其在人与人日益相互依存的现代社会。所以我们可以这样认为，公平竞争权和物权是没有直接联系的。那么什么是债权的本质？王泽鉴先生认为；债权系属债权人对债务人之"当为要求"，易言之，即债权人得向债务人请求给付并保有债务人给付之权利。权利之基本思想，在于将某种利益在法律上归属某人……债权之本质内容，乃有效的受领债务人之给付，债权人得向债务人请求其给付，仅系其受领权之附随的作用而已❷。本研究认为债权的本质，如果从马克思主义的观点考察，它是一种制度环境，其产生的初衷就是为了让价值规律产生作用。亚当·斯密所谓之"无形之手"依赖于一个健康的市场❸，无形之手或价值规律在一个市场被扭曲的环境中是不能发挥其作用的。因此，债权作为一种制度而存在，不是源于法学理论，而是源于社会的需要。在近代，债权呈现的优越地位亦源于此❹。

经济学家曼昆以通俗的语言表明；交易能使每个人变得更好❺。债权的实现表明了交易的实现，我们因此很容易理解王泽鉴先生所赞同的观点；债权之本质的内容，乃有效地受领债务人之给付。交易最终实现的标志就是债权人有效受领了债务人的给付，近代、现代社会的繁荣和发展都是因为数不清的市场主体在市场上有效地实现了交易才成为可能。这样看来，包括债权制度在内的法律制度，我们都可以认为是国家所提供的一种公共服务。正如经济学诺贝尔奖获得者道格拉斯·C.诺思所言；国家所提供的基本服务，是一

---

❶ 王泽鉴.民法物权·通则·所有权［M］.北京；中国政法大学出版社，2001；王利明.物权法论［M］.北京；中国政法大学出版社，1998.

❷ 王泽鉴.民法学说与判例研究（第四册）［M］.北京；中国政法大学出版社，1998：108.

❸ 关于"无形之手"的理论，请参见亚当·斯密之《国民财富的性质和原因的研究》（上卷）一书（商务印书馆，1972），但完整而明确地总结出该概念的是意大利的帕累托.

❹ 我妻荣.债权在近代法中的优越地位［M］.王书江，译.北京：中国大百科全书出版社，1999.

❺ 曼昆.经济学原理［M］.（第二版）.梁小民，译.北京：生活·读书·新知三联书店，2002.

些根本性的竞赛规则❶。另如林诚二先生认为："债权关系之首要法律目的，乃在将债权转变为物权或与物权具有相当价值之权利。故从法律目的来说，债权关系的目的，并不在于债务人约定给付之'实行'，而系在于债权人获得'满足'……由是观之，债权关系仅系确定债务人'给付义务'之法律手段耳。"❷债权关系只是明确了债务人之"应为"与债权人之令债务人"为"的权利。林诚二先生还认为："……从而，债务人给付结果发生前之过程，对债权人而言，并不重要，其所重要者系债权之满足，盖法律为保障债权关系，令债务人应为或不应为，仅系为达到给付结果之手段耳。申言之，债之关系，由动的理论来分析，其重点并不在债务人给付行为，而系在于债权人之给付受领权，此为近代学说所确认。"换言之，对比于给付之完成亦即交易的完成，债权和债权关系都并不重要，其关系是本和末的关系，是目的和手段的关系。

综上，债权的范畴亦不包括公平竞争权，但毫无疑问它与债权的关系是非常密切的——债权存在的前提和基础就是公平竞争权。换句话说，一个权利主体享有债权的前提条件是必须先享有公平竞争权❸。如果一个市场主体绝对地不享有公平竞争权，根本不可能想象他该怎样进入市场？怎样获取交易机会？因此，一个市场主体必须具备的首要权利就是公平竞争权，不过这种权利在不同的国家和不同的发展阶段其实现的程度是不同的。公平竞争权实现越充分的国家，这个国家的市场经济体制越是发达。所以，我们可以认为公平竞争权应该是在人格权的范畴内，不过它并不是指的民事主体的人格权，而是商事主体的人格权。什么是人格？人格包含着权利能力，并且是一个抽象的、因此也是形式意义上的法的概念，这种法其本身也是抽象的基础。所以法的命令是："成为一个人，并尊重他人为人。"❹因此，公平竞争权是市场主体所享有的，作为一个市场主体被其他市场主体所尊重，并被承诺以公平

---

❶　道格拉斯．C.诺思．经济史上的结构与变革［M］．北京：商务印书馆，1992：24.

❷　林诚二．民法理论与问题研究［M］．北京：中国政法大学出版社，2000.

❸　唐兆凡，曹前有．公平竞争权与科斯定律的潜在前提——论公平竞争权的应然性及其本质属性［J］．现代法学，2005，27（2）：150.

❹　霍尔斯特·埃曼．德国民法中的一般人格权制度［A］．邵建东，等，译．梁慧星．民商法论丛（第23卷）［C］．北京：法律出版社，2000.412.

的方式竞争交易机会的权利。

（三）公平竞争权的内容

要在主观上树立权利保护的意识，只需要论证利益的正当性和法定权利存在的必要性就可以了，但是仅只是这样的论证还不能促成法定权利的确立。我们必须界定清楚权利的制度结构，法律上确立公平竞争权的可行性才能最终得到证明，公平竞争权的实现过程才能被更清晰地勾勒出来，并最终真正体现其重要价值❶。

1.公平竞争权的权利主体和义务主体

公平竞争权在法律上的确立，乃是法律对市场主体身份（即从事公平竞争的资格）的确认和保障❷，具有这种权利的人就是市场竞争的主体。所有经营者因此就是公平竞争权的权利主体，包括具有市场主体地位的自然人、法人和其他组织。必须具备相应的市场主体地位，这是对于权利主体的限定。不享有公平竞争权的主体就是那些没有经过登记注册的组织、没有经过核准而进入有特定市场准入要求的行业（比如烟草专卖）的自然人、法人和其他组织以及从事非法经营活动（比如贩卖毒品、贩卖妇女儿童）的自然人、法人和其他组织。公平竞争权权利主体以外的一切自然人、法人和其他组织（包括国家机关）都是公平竞争权的义务主体。通常情况下，一般是权利主体以外的其他经营者实施侵犯公平竞争权的行为，但这里需要说明的就是，其他民事主体和国家机关，对不得侵犯公平竞争权的消极义务也是应当负担的。也就是说，既然法律对经营者身份和资格的确认和保障的体现就是公平竞争权的存在，那么任何人都必须尊重这种身份和资格，尊重权利人通过公平竞争追求利益的自由，任何自然人、法人或其他组织非法侵害公平竞争权都可构成侵权。❸

---

❶ 朱一飞.论经营者的公平竞争权［J］.政法论丛，2005（1）：68.

❷ 有学者指出，法定权利实质上就是一种身份：一种独立自主地位的标志。（程燎原，王人博.权利及其救济［M］.青岛：山东人民出版社，1998：328.）根据此种理论，经营者的公平竞争权可以理解为法定的从事公平竞争的身份（或称资格）。

❸ 行政机关可能会侵犯经营者的公平竞争权，这是毋庸置疑的。而与权利主体不存在竞争关系的自然人、法人或其他组织同样有可能侵犯经营者的公平竞争权。

2.公平竞争权的内容和实现制度

公平竞争权一般包含两个方面的内容：一是经营者通过自己积极行动的方式得到公平竞争的地位并通过公平竞争得到利润的权利；二是经营者公平竞争的资格和地位不受侵害及排挤的权利。确认和保障经营者的市场主体身份的公平竞争权的本质实际上就是肯定与保障经营者自由自主的活动，公平竞争权的实现因此就表现为实现经营者的竞争自由（如前所述，自由竞争内在地包含了公平竞争的含义）——自由竞争和公平竞争是经营者追求利润的两种方式。经营者自由竞争和排除他人对自身公平竞争利益的侵害的实现方式就是公平竞争权。经营者可以在自由竞争方面依据公平竞争权实施一切合法的竞争；为了争取交易机会、最终获得利润还可以采用通过宣传来扩大自身影响和通过改进技术、引进人才、改善管理来取得竞争优势以及制定和实施适当的经营策略（包括价格策略）等方式达到目的。同时可以通过经营者的请求权来实现排除他人对自身公平竞争利益的侵害，也就是经营者可以向有关部门请求保护，如果他们认为自身公平竞争权受到了侵害——也就是可以请求禁止和惩罚不正当竞争行为并由行政机关依法履行，也可以向法院提起民事或行政诉讼，且经营者如果对行政机关决定或法院判决不服，还可以申请复议或提起上诉。另外，预防、监督和禁止侵害公平竞争的行为方式还有行业协会，这是经营者的一个组织，目的是惩罚从事不正当竞争的经营者。另外，公平竞争权在某种情形下可以表现为一种请求权，在不同情况下也可以构成一种合法的抗辩权。

三、足球俱乐部被害后的表现

（一）经营状况恶化

竞技足球职业化实际上就是一种经营和管理模式，它遵循的是市场经济规律和体育运动自身发展规律，在这个过程中形成自我调节、自我创造、自我发展的运行机制，从而实现竞技体育发展的良性循环[1]。但是中国足球职业

---

[1] 熊晓正，等.我国竞技体育发展模式的研究［M］.北京：人民体育出版社，2008.

化改革十几年来的发展实践表明，中国在足球职业化改革中的问题还很多，并没有形成良性循环的发展模式，特别是进入"中超"时代，很多俱乐部为了达到中国足球协会的"中超"准入标准，不得不加强俱乐部软硬件的投入，再加上联赛"假、赌、黑"的出现与运动员工资的失控致使俱乐部管理混乱以及运营成本加大，很多赞助商、俱乐部等纷纷撤资退出足球领域，甚至出现过联赛"裸奔""崩盘"的严重危机。俱乐部经营状况严重恶化。

（二）运营成本失控

健全法律制度需要一定的成本，越健全的法律体系越需要较高的成本。法制不健全往往会给人以可乘之机，在巨大的诱惑下，为了自身的利益置其他于不顾，进行黑色交易和背后交易❶。假球、黑哨、赌球等都是人们做出的选择，是人的机会主义意识在法律不完备以及惩治力度不大的前提下被诱导出来实施的行为。法制条件不健全就会产生很多法治之外的各种交易，俱乐部要想获得公平的环境就必须使用额外的手段，或者花大价钱买公平，这样很多的中间交易就会产生，交易频率和次数大为增加的同时交易费用也在增大，于是运营成本完全失控。浪费人力物力资源的同时也使市场对资源的优化配置功能不能被实现，同样投入的前提下导致在足球发展的费用被占用，阻碍足球的发展。

第二节　足球俱乐部自身的被害原因

职业足球俱乐部自身的被害原因即被害性是指在足球职业化过程中，职业足球俱乐部带有的主动诱使和强烈刺激的特性，是导致竞技足球犯罪加害人实施加害行为的重要原因或者是加害人实施加害行为时可以利用和必须利用的条件。具体来讲，足球俱乐部成为被害人的自身原因主要有被害主动性和被害被动性。

---

❶ 陈秀娟．足球交易费用探析［J］．体育文化导刊，2009（6）．

一、足球俱乐部的被害主动性

俱乐部被害人的被害主动性是指俱乐部在参与竞技足球运动的过程中，基于履行职责或追逐利润的目的而自行实施的行为导致自己成为被害人的特性。足球俱乐部在经营竞技足球过程中在管理和资本方面付出很大努力，但是这些主动付出带来的不是效益的增加，反而导致若干问题的产生，其在参与竞技足球活动过程中的不良管理行为和不理智的投资行为造成了自身的被害。

（一）足球俱乐部在管理上存在问题

1. 足球俱乐部产权制度上的缺陷

所谓产权即财产权，实际上是交易过程中人与人的关系的体现，但在形式上却表现出是人与物的关系。完整的产权包括收益权、交易权、支配权，也包括委托——代理制下发生的代理权、经营权、使用权的一组权利。受到约束和限制的产权首先必须得到保护。

（1）俱乐部与投资企业之间的产权不清。企业是前提，政府是推手，高水平的职业运动队和企业是其重要组成部分，这就是中国的职业足球俱乐部。职业俱乐部从最初的冠名商到接下来的赞助商直至最后的投资人，大多数企业的主要身份一直是赞助商，他们并不能以经营者的身份参与到对俱乐部的经营和管理中，以领导者的身份指挥、操作的一直是政府，根本原因在于俱乐部的产权问题没有得到政府应有的重视。俱乐部在实际经营过程中经常受到企业、政府的多方面干预，根本没有能力作为独立的市场主体进行经济活动。因此，市场在足球经济活动中并不能发挥本应该有的配置资源的作用，超经济、超市场的规则指导着所有活动的运转，价格扭曲成为足球市场的特征，足球的市场环境受到破坏，足球市场的进一步成熟和职业足球的可持续发展进程受阻❶。我国职业足球发展与国外足球发达国家不同，由于我国职业足球俱乐部是从高水平的专业运动队通过体制创新与企业联合组建起来的，

---

❶　程翔，付志华. 论中国职业足球俱乐部的发展［J］. 江西科技师范学院学报，2004（4）：85–86.

所以足球发展先天就有不足。足球职业化改革的不断深入使双方都希望拥有更多的占有权、支配权和收益权，于是俱乐部产权不清的矛盾越来越明显。获得广告效益是企业向俱乐部投资的主要目的，企业获取广告效益的载体和媒介就是俱乐部，因此俱乐部不是被作为一个经济实体被认可的，这就使俱乐部在经营上存在着短期行为的原因。俱乐部与企业之间的产权不清使俱乐部目前的实际经营状况一方面是教练和球员的高收入，另一方面却是俱乐部的惨淡经营、亏损严重、入不敷出。

目前大多数的俱乐部在经济效益利益最大化的驱使下采取的都是短期经营行为，假球、赌球、黑哨现象在足球改革过程中产生就毫无悬念了。所以有人就这么感慨道：要想在中国足球的赛场找到一块完全干净的草皮，都成了奢望了❶。非常严重的负面影响由此而产生，我国足球运动的发展因此受到严重制约，同时运动水平的提高和改革前进的步伐也严重受阻。应有的行业自律机制的缺乏在现在的职业足球俱乐部中可见一斑。股东数量少，投资相差悬殊，形成了大股东占绝对优势的格局，成为大股东企业中的一个子公司，这就是中国俱乐部目前的现实状况。俱乐部的经营和管理常常受到母公司越权干预，其原因就是俱乐部与母公司在所有权、支配权和管理权方面的界限是模糊的。而母公司和俱乐部的行为目标不同，企业的投资收回效益是前者考虑更多的，俱乐部的长期发展和建设则是后者要考虑的方面，行为目标的二律背反必然造成俱乐部经营上的急功近利和亚企业状态。另外由于以球员为主体的人力资本是足球俱乐部的主要资产，所以作为人力资本的运动员产权归属问题和评估问题没有解决的情况下俱乐部与管理人之间真正意义上的产权清晰也是非常难以实现的。

（2）俱乐部资本与权力的配置错位。专业运动队改制为职业体育俱乐部必然在不同程度上导致市场因素的介入和政府行为的弱化，使俱乐部目标向追求俱乐部自身利益、多元化转变❷。但是，目前地方体育局入股的国内足球俱乐部至少有一半，市场经济要求地方政府从俱乐部撤出股权，但由体育局

❶ 岳峰，范启国.中国足球协会与中超俱乐部投资人的博弈分析［J］.体育科技，2005，26（4）：15.

❷ 程翔，付志华.论中国职业足球俱乐部的发展［J］.江西科技师范学院学报，2004（4）.

所辖的体工大队演变而来的俱乐部中，运动员等人力资产的产权人却是体育局。同时正是在地方政府的直接干预下，俱乐部建立初期才得以有效运作，实际上，政府行为的一种变相的表现形式就是政府促使企业对俱乐部的不断投资。政府将俱乐部在联赛中的保级和排名与地方的竞技体育水平混为一谈的原因在于政府的金牌意识的行为目标，其不惜血本的投入造成足球市场的价格扭曲，并最终破坏了正常的足球市场的环境。

中国足球运动管理中心既是国家体育总局的直属单位，又是运动项目协会的常设机构，所以它扮演的社会角色具有双重身份，这就使得足球项目管理中心这个官方机构可以通过"租借"新制度的"外壳"，以非官方（协会实体）的角色规避改革的风险，并在选择制度安排时运用了特有的权力，调节既得利益格局时运用了强制性手段，以此来实现自身效用的最大化。例如，职业足球俱乐部联赛的三大经济来源被它牢牢并直接地控制着，其中包括商业赞助、广告、电视转播权的出售。场地广告经营权尽管中心也让俱乐部拥有了一部分，但俱乐部的主要经营活动都受中心的严格控制，包括在比赛场地的广告牌的数量、位置、规格以及与商业有关的所有活动。

2. 足球俱乐部法人治理结构的缺陷

现代公司制度有非常鲜明的两个特点：第一，它是一个法人并且独立于出资人；第二，由自然人组成的组织系统来实现它的行为及目的。其中，公司赖以存在和发展并所以成为法律上的"人"的前提条件是公司的组织机构。因此，公司组织机构的完善、法人治理结构真正的建立是属于公司制度的核心问题。与一般意义上的公司管理不同，公司法人治理结构的实质是通过公司法人资产权利—责任的结构性制衡来对所有者与资产受托者、受托者与代理者相互间的利益关系进行规范。现代公司法人产权制度是现代公司法人治理结构的首要前提，是关于资产权利的委托—代理制，这种制度是非常典型的，权利的分离和相应权利主体的多元化就是其中应有之义，这必然导致他们彼此间的监督和制衡上升为重要问题。公司法人产权制度运作和实现的组织方式就是公司法人治理结构，它最为核心的因素在于：一方面是决定公司治理结构形式的基础是股权结构的设置方式；另一方面是决定公司治理结构区别于其他企业的突出特点就是对公司实现控制和监督的方式。

（1）"内部人治理"制度。戴维斯和诺斯一致认为，一系列用来建立生产与分配基础的基本的政治、社会和法律基础规则就是所谓的制度环境。尽管构建了职业足球的管理制度，但自足球职业化改革以来国家"政企"不分的局面仍然延续了20年，在这个发展过程中这一状况没有得到根本性改变，一个非常明显的问题就是制度供给不足。首先，改革后的中国足球协会并没有改变其行政管理和社团法人的双重身份，中国足球协会在民政部门登记时所依据的法律是《社会团体登记管理条例》，是《民法通则》规定的社会团体法人，但事实上，中国足球协会根据《体育法》的授权却拥有全国足球运动的行政管理权；其次，中国足球协会的常设办事机构是作为国家体育总局直属事业单位的足球管理中心，这个机构要行使对所辖项目行使行政管理的权力，在其内部又设立经营开发部，目的是负责开发其本项目的商务。国家体育总局在将足球运动项目实施全面管理的职能赋予足球运动管理中心的同时就意味着这个机构将要受国家体育总局的直接领导，但它同时也必须接受中华全国体育总会的领导。

实际操作过程中也确实是这样的，尽管《中国足球协会章程》规定中国足球协会的最高权力机关是中国足球协会代表大会，代表大会选举产生其主要领导。与此同时《国家体委运动项目管理中心工作规范暂行规定》第22条中规定：全国单项运动协会副秘书长以上（包括顾问和名誉、荣誉正副主席）人员的调整……协会法人的变更及其机构设置、变更或撤销，必须报人事司，批复后由协会按照章程办理。这种制度安排本身就是充满矛盾的，它使民事主体性质的社团法人——中国足球协会成为一个名义上的称呼，而真正的情况却是一种社会团体，它不仅具有行政管理职能，而且能够通过管理中心全权行使其管理职能。足球管理中心为了规避在改革过程中遇到的风险，通过"租借"新制度的"外壳"的方式通过非官方（协会实体）的角色来避免来自于上层意识形态的风险，也就是处理与国际单项组织以及各国各地区协会间的关系和业务往来的过程中使用中国足球协会的名义，但是当它在行使全国性管理和业务指导工作时，也就是那些原来是由政府职能部门负责的项目时，却使用的是中国足球协会常设办事机构（中心）的名义，并在选择制度安排的过程中不惜运用手中掌握的特权，为了实现自身效用的最大化而采用用强制性手段来掌控既得整个利益格局。所以有学者总结说，改革不仅实质上没有让足球管理中心失去任何固有的行政权力，相反却在足管中心规避改革风险的同时为它披上了一件经营实体单位的金色锦袍。打着出售联赛转播权、冠名权等特许经营权的旗号公开侵蚀各俱乐部的产权，于是一种怪现象就出现：原本的体育行政管理机构这种"清水衙门"一夜间成为"财神爷"，而大多数俱乐部却连年亏损。

（2）俱乐部股权结构设置不合理。我国职业足球俱乐部是股东数相对比较少的非上市公司，国有股比重高的现状导致股东的投资比例相差悬殊。在决策方面，主要投资企业常常是发表一言堂，根本就不会考虑到其他中小股东的利益，俱乐部常常沦为主要投资企业的一个子公司。地方体育局也常常有不少股份在俱乐部中，他们有时会运用行政力量过多地插手俱乐部的内部经营和管理，有时候做出的决策甚至违背市场规律、忽视俱乐部经济效益，并因此导致投资企业的利益受到极大损害。另外，所谓的资产—代理关系因为国有股比重高的缘由，这种代理关系本质上就是行政性而不是市场性委托，公司实现控制和监督方式上的一系列问题就因此产生了❶。

（3）俱乐部软化的约束机制。受到逐利动机的驱使，职业足球俱乐部首先必须产权清晰，对自身有十分明确的收益预期，有一种必需的倾向就是充分利用市场机制实现"成本最小化"，刚性的成本约束机制是每个俱乐部强烈的内在要求。但是对我国来说，虽然我国俱乐部组织机构的设置有着与西方基本相同的俱乐部管理机构，但从公司治理结构上看，多数俱乐部都是仅仅拥有"公司化"组织形式的外壳，对于真正意义上的"公司法人治理结构"而言则是徒有虚名的。在我国职业足球俱乐部行业中，国有企业作为俱乐部投资主体的占绝大多数，如山东鲁能泰山俱乐部，由山东省电力集团进行投资的。不仅具有很大优势运作资本，而且还能给俱乐部注入新鲜的血液，这是大型国有企业涉足"足球产业"的好处所在。但由于国有企业的制度环境本身就是处于一个失衡的激励约束、软化的成本约束及其产权主体虚置的状态下，在这种晦暗不明的产权状态下，没有人关心俱乐部的资产积累成为其

---

❶　程翔，付志华.论中国职业足球俱乐部的发展［J］.江西科技师范学院学报，2004（4）.

最大的危害，发展脱离了长期盈利及大众化的目标，于是追求短期经济效益就成为众多投资经营者的首选，这从我国到 2001 年年初已先后有 28 家企业退出甲级足球俱乐部的经营中可见一斑❶；其次，运动员也是人力资本的产权人，他们的产权归属问题和评估问题没有解决，产权清晰也必将成为一句空话。

3. 足球市场的经济秩序混乱

有至少包括四个方面的内容是市场经济秩序必须具备的：一是规定进入市场竞争主体的资格、权利、责任的一系列条件，这是进入市场竞争主体秩序的制度上的规定；二是市场竞争交易秩序的制度化，其中交易秩序的主要内容是价格秩序；三是市场经济的主体秩序和交易秩序的法律支持和保障，这是市场竞争的法治秩序；四是对市场经济道德等诸方面的规定，或者说培育市场经济必须具备的人文前提，也就是市场经济的道德秩序。市场经济秩序和产权制度之间具有非常深刻的联系。如前所述，中国职业足球俱乐部对于其产权问题态度是模糊的，那么中国足球市场就不可能有井然有序的经济秩序。对市场竞争主体的界定必须取决于对其产权的规定，在产权没有界定清楚的前提下是不可能对其资格、权利、责任作出规定并形成制度的。虽然现在也有关于市场竞争主体的资格、权利、责任的种种规定，但是这种规定是在计划经济管理的思维和规律下制定的，与市场经济的规律是不相符合的，因此很难在市场竞争中取得效果。价格竞争秩序是交易秩序的核心。如果价格能够真实地反映供求规律那么就标志着价格竞争有序，能够真实地实现引导资源合理配置的功能；价格竞争混乱则是价格竞争无序的标志，此时价格的决定将会脱离市场供求约束，交易条件的确定将在违反等价交换准则的条件下进行。

中国职业足球运动员的收入是偏高的，据调查应该是超出我国城市居民平均收入的 80~100 倍，这种畸高的经济收入已经完全脱离了我国经济发展水平的制约，也是和运动员的竞技水平不相匹配的，肯定不会是供求规律的客观反映，反而正是价格扭曲的一种表现。而根源则在于产权制度的缺陷和

---

❶ 李吉慧. 中国职业足球俱乐部经营状况及对策研究［J］. 山西师范大学体育学院学报，2001（2）：5–8.

政企不分，反映的是超经济意志对联赛排名的偏好❶。社会财产关系应该是市场竞争的法治秩序赖以存在的深刻基础。完善的财产权制度及其对个体权利、平等和自由的规定则应该是法治秩序存在的前提。在社会主义市场经济体制的完善过程中，建立职业足球市场中需要的财产权制度还需要时日，法治秩序所要求的条件因此现在不可能具备，或者说法治秩序在目前足球市场中还是缺乏的。各职业足球俱乐部尽管已经在名义上注册为公司，并成为具有独立地位的企业法人，但对其实施的管理仍是以红头文件的形式进行的行政管理的方式，而足球法规制度建设相对落后，尽管适应市场经济体制的上述法律法规的制定是必需的。这种现象主要表现在以下几个方面：第一，市场运营需要的规定已经不能由现有的规定提供，需要完全法制化的俱乐部组织、经营、管理的规定还没有出台，第二，严重滞后的关于足球市场的有关法律法规的规范已经开始制约着市场的发展，给市场环境造成混乱的同时导致市场管理成本加大。第三，规定各个利益主体之间包括俱乐部与协会、俱乐部之间、俱乐部与公众之间的相互关系的法律法规的缺位，导致各行为主体的职能、职责不清，并已经严重影响到俱乐部内部体制的规范。

（二）足球俱乐部在足球领域的风险投资存在问题

作为竞技足球活动的投资人，足球俱乐部对本身的投资行为是积极主动的，但是其风险投资运用能力的欠缺使其只能实施急功近利的短期行为，最终导致其成为竞技足球犯罪的被害人，其在投资管理上存在的问题是其被害主动性的表现。

1. 风险投资的概念

所谓风险投资，又称创业投资，一般是指投资主体甘冒风险，将风险资本投入于创业企业，并通过参与对风险企业的经营管理与咨询服务，待风险企业成长为规模企业，出让股份，以分享其高成长所带来的长期资本增值的一种投资方式❷。在投资领域这个概念是对于风险投资的比较客观的概括，但竞技体育市场是一个具有特殊性的投资领域，因此这一概念竞技体育领域并

---

❶ 程翔，付志华.论中国职业足球俱乐部的发展［J］.江西科技师范学院学报，2004（4）：86.
❷ 陈尔瑞.杜沔.风险投资概论［M］.北京：中国财政经济出版社，2001.

不能完全适用。首先，对于体育界学者关于风险投资的各种分类来看，根据投资主体性质的不同可以将风险投资分为两种类型：一是专门风险投资，主要是指那些专营型风险投资公司的投资，高新技术行业和新兴产业是其投资的主要对象，不过英国投资公司（ENZC）已经对意大利、苏格兰等4个国家的职业足球俱乐部成功进行了投资，为其发展提供资本支持和管理咨询服务❶；二是一些高成长性的投资项目被一些大企业集团看中后对其做出长线投资，目前我国竞技体育俱乐部主要的融资渠道就是这种风险投资❷，在投资主体上二者存在较大差异。其次，投资于职业体育俱乐部的企业集团是以获得长期、高额的利润回报为其投资的目的，并没有打算说等将来待其发展成熟时通过出让股份而获取高额的成长利润，这仅仅是企业集团多元化经营策略的一种体现。基于以上两方面的区别，本研究认为在竞技足球领域风险投资的概念应该这样表述：某一企业集团出于开展多元化经营的需要，将风险资金投入到发展阶段的竞技足球俱乐部，并参与对其的经营管理，以追求将来持续、高额回报的一种特殊投资方式。

2. 风险投资的特征

（1）投资主体多为大企业集团。现阶段在竞技足球领域进行风险投资的主体大部分是大企业集团，而不是那些专营性风险投资公司。这些大企业集团之所以要将资本投入职业足球领域，一方面是因为他们认为竞技足球应该具有非常广阔的发展前景，在不久的将来高额的利润就是竞技足球能够给他们的投资带来的最好回报；另一方面是竞技足球所具有的非常巨大的广告宣传效应也被这些投资者所看重，企业集团的知名度可以通过投资竞技足球俱乐部而得到提高，企业集团良好的公众形象通过体育积极向上的精神也可以得以树立，这些正面的形象能够促进该企业集团主体产业的发展。

（2）投资对象为职业足球俱乐部。目前我国竞技足球俱乐部还处于高投入、低产出的发展阶段，管理体制的"双轨制"弊端一直存在，非市场化运作的经营机制也出现一系列问题，导致风险投资的风险系数被加重了。不过客观

---

❶ 刘文董. 张林. 我国职业足球俱乐部上市前景的初步研究［J］. 天津体育学院学报，2002（3）：29-34.

❷ 鲍明晓. 体育产业——新的增长点［M］. 北京：人民体育出版社，2002：276-282.

地说，我国目前正在进行投资的热点将转向第二、第三产业的产业结构调整时期，职业体育产业的发展机遇也将会是前所未有的。此外，职业体育产业将在广大人民群众观赏型体育消费需要增长的直接刺激下得到快速发展。因此对于职业体育的投资虽然存在着极大的风险但是其发展前景却是不可限量的。

（3）投资具有双重性。和一般的融资不同，风险投资具有双重性。一方面是要投入资金，另一方面是要进行经营管理，而这些都是非资金性质的投入。职业体育俱乐部通过风险投资进行融资是一个双赢的局面，因为首先是解决了俱乐部发展资金不足的难题，同时经营管理水平又可以在风险投资家的参与和帮助下得到提高，可谓是一举两得。

3. 足球俱乐部在风险投资中的问题

（1）经营管理等非资金投入不足。分析风险投资的概念我们得到结论，对竞技足球俱乐部的投资，风险投资主体必须做好两方面准备：一是注入风险资金；二是经营管理等非资金的投入。当前，我国俱乐部发展所需资金基本上由各大企业集团对竞技足球俱乐部比较充裕的资金投入就能够满足。据统计，在甲A职业足球俱乐部中，各企业集团平均每年对俱乐部的资金投入约在4000万元❶。虽然各大企业集团已经意识到，职业体育俱乐部的发展必须通过注入资金才能得到保证，但他们却忽略了风险投资第二方面也就是非资金的投入，他们没有对职业体育俱乐部的运作和管理进行干预，风险投资家应有的角色没有得到充分展现。而那些专营性的风险投资公司中的风险投资家，他们既有着投资家和企业家的身份，他们一般同时又一定是金融专家和管理专家，当风险资金投入到风险企业后，风险企业的经营管理一定是他们必须积极参与的一项业务，他们运用自己的专业知识帮助企业确定科学合理的商业计划、方案，他们将正确的经营理念灌输给企业，他们将先进的经营管理方式和手段向企业推行。在我国职业体育领域风险投资中，在注入资金后各大企业集团其实也会派人参与到俱乐部的董事会中参与经营管理，但这些人仅仅作为企业经营的一种摆设，由于其专业知识的不足、内外部信息不对称，使他们也不可能真正参与俱乐部的经营管理。所以，即使向俱乐部派

---

❶　佚名.砸出6亿元买路钱［N］.体坛周报，2002-12-20.

驻的管理人员也是形同虚设，各大企业集团仍扮演的是赞助商的角色，根本不能对职业体育俱乐部经营、运作和管理施加有利的影响，职业体育领域风险投资的不足正是在这个领域表现出来。

（2）短期行为显著。处于发展阶段的中国竞技体育产业，诸多问题不可避免地在其发展过程中存在着。因为对体育产业发展过程中应有的困难和风险的预见性不足，部分企业集团在投资经营职业体育俱乐部过程中退出职业体育的念头随时都会萌生，只要一旦遇到困难和阻力就会有撤资的念头。我国职业体育俱乐部的发展被不稳定的投资主体采取的短期投资策略严重地影响和制约着。短期行为最为明显的另一表现为，在对俱乐部注入资金后，各大企业集团并没有将职业体育作为一个有巨大营利性的产业来发展，只是把职业体育作为其广告宣传的载体，当他们的董事会在确定俱乐部发展目标时，往往只关注俱乐部的比赛成绩，对俱乐部的市场运作和开发根本毫不顾及。俱乐部缺乏对后备人才的培养也是短期行为的危害表现，因为广告宣传效应才是企业集团关注的重点，他们对于俱乐部的经营并没有长远的发展计划，因此他们对于俱乐部后备人才的培养也不可能予以重视，当然对此进行投资也大多是不可能或者很少进行投资，最终结果是导致各俱乐部后继无人，特别奇缺高水平人才，我国整体体育实力的提高受到制约。

（3）职业体育经理人匮乏。专营性风险投资在对风险企业注入资金后，风险投资家获得股权，直接要求参加风险企业的经营管理。但职业体育领域的风险投资，由于各企业集团并不熟悉职业俱乐部有运作经营，必须通过委托职业体育经理人代为其对职业体育俱乐部进行经营管理。但由于我国职业体育产业为新兴产业，目前还处于发展阶段，市场上职业体育经理人匮乏，不能满足各大企业集团的需求。此外，由于职业体育产业的特殊性，对职业体育经理的素质和知识结构要求相当高。作为一名合格的职业体育经理人，在具备一般职业经理人资格的基础上，还应掌握体育产业、体育市场、职业体育等一系列专业知识，才能胜任这一角色。目前我国职业体育俱乐部市场运作水平的低下和各企业集团对俱乐部缺与我国职业体育经理人的匮乏有着必然的联系。

（4）退出机制不完善。整个风险投资运作过程中的一个重要组成部分包括风险投资的退出机制，这个机制是重要保障对于实现风险资本有效运行循环来说。目前风险投资退出机制在我国职业体育领域相对缺乏，风险投资因此而增大的风险系数致使各大企业集团在投资经营职业体育俱乐部过程中一旦遇到不能克服的困难和风险就不能规避风险。各大企业集团在职业体育市场中的投资因此被制约了。2002年年初四川全兴集团想要退出职业足球市场，但苦苦寻找却没有找到合适的退出途径，最终只能以400万元的惊人的白菜价格将一家甲A足球俱乐部的所有权转让给大连大河投资有限公司。这一事件充分说明了风险投资的退出机制在我国职业体育市场中的不完善。如果要想让更多的大企业集团投资职业体育俱乐部，促进其发展，我们就必须对与风险投资机制度相配套的市场进入、运作、退出机制进行完善。

二、足球俱乐部的被害被动性——缺乏核心竞争力

俱乐部的被害被动性是指俱乐部在参与竞技足球运动的过程中，对于其履行职责或追逐利润的目的消极不作为，从而不能对俱乐部按照自己的意图进行管理和经营的不利局面。足球俱乐部对其本职工作没有做好造成其对现实被害结果被动接受，使自己成为竞技足球犯罪被害人。企业的核心竞争力是一个企业在市场上安身立命的关键，核心竞争力能帮助企业抵抗来自市场的风险，培养核心竞争力是企业的生存之道，是其必须修炼的内功，是企业在激烈的市场竞争中立于不败之地的重要砝码。但是足球俱乐部没有完成对自身核心竞争力的培养，导致竞技足球犯罪导致的市场风险来临时，他们只能被动地接受成为竞技足球犯罪被害人的不利后果。

1992年6月下旬，在北京西郊红山口以改革为主题的工作会议召开了，中国足球协会决定体育改革的突破口选择足球，走向职业化成了足球改革要走的基本方向，中国足球改革由此拉开了大幕。1994年，职业联赛以中国男子足球比赛引进内外援和实行主客场制为标志正式开始，从无到有，中国职业足球俱乐部开始了改革的征程。改革的车轮注定在转到2001年时发生变故，震惊整个中国足球界的假球黑哨事件在联赛接近尾声时发生了。层出不穷的负面报道砸向足球，受到挫折成为足球事业宿命，度过最初的发展兴奋期后，职业足球俱乐部明显丧失了发展后劲，自身贫乏的造血功能使所有积弊暴露无遗。足球俱乐部逐步由以往炙手可热的宠儿变成了市场的弃儿。2003年，

无人问津的八一足球俱乐部在面临连贱卖都没有人接手的窘迫中最终消失在职业联赛的绿茵场上；2004 年，同样的命运落在了深圳科健足球俱乐部身上；2005 年，陕西国力足球俱乐部被取消注册资格不能参加联赛原因是财务危机，他们以负 26 场、净胜球 −78 个的成绩被永远钉在 2005 年的联赛积分榜上。此外，深圳健力宝足球俱乐部、辽宁足球俱乐部、重庆力帆俱乐部等中超足球俱乐部和接近一半的中甲足球俱乐部关于欠薪、负债等新闻屡见报端，从中可以窥见他们为生存而挣扎的窘迫困境。中国竞技足球俱乐部如此步履维艰的原因很多，但是肯定不是一句"足球大环境欠佳、足球市场不景气"就能将之概括的。本研究认为，职业足球俱乐部陷入今天的困境，根本原因在于俱乐部缺乏核心竞争力。

（一）对核心竞争力的理解

两位美国学者 1990 年在《哈佛商业评论》上提出了"核心竞争力"（core competence），这是典型的战略管理中的重要概念，20 世纪 90 年代中后期，这一概念传入我国。所谓竞争力，是指一个国家、一个产业或一个企业相对于其他竞争对手而言，能够更加有效地向市场、消费者提供产品和服务，有更强的创造财富的能力，从而保持自身持续生存和发展的综合素质与能力。所谓核心，就是具有能够决定一个事物命运或者一个事件走向的力量，是某一事物中最重要的部分。核心竞争力是什么呢？专家、学者、企业家等不同的人对其有着不同的理解，现在比较统一的认识是：组织内部一系列互补的技能和知识的结合，是组织内部，经过整合了的知识和技能，它具有使一项或多项业务达到竞争领域一流水平、具有明显优势的能力。

中国职业足球俱乐部作为在工商管理部门登记注册的企业法人，它的核心竞争力是什么呢？本研究认为，凝聚在共同的企业文化价值观念下的具有较高足球技战术专业素养和较高综合素质的足球运动员，就是中国职业足球俱乐部的核心竞争力，其中心就是球员，就是人。

（二）核心竞争力的作用

1.核心竞争力是俱乐部生存的基础

中国足球甲级联赛在 2004 年应该算是不太景气的年份，但是湖北武汉职业足球俱乐部的足球运动员在比赛中表现了"作风顽强、敢打敢拼、斗志旺盛、整体团队意识强"这样的良好的体育道德风尚和公平竞争的体育精神，所以武汉新华路体育场上座率基本是饱和的，平均每场观众 1.14 万人，球迷和市场以及自身的具备的高素质给予他们最后晋升到次年的中国足球超级联赛的机会，俱乐部良好的发展势头有目共睹。与湖北队有类似经历的辽宁队，他们的大股东几乎不投入资金、辽宁足球俱乐部单纯依靠市场运作发展足球，虽然环境非常艰苦，但是他们最终顽强地生存下来了，只因为辽足拥有一大批优秀的足球运动员。球迷们对李铁、李金羽、张玉宁、肇俊哲、王新欣、徐亮、王亮、张永海这些入选国家队的球员耳熟能详。辽足因为培养了一批又一批优秀的球员，所以在艰苦的生存环境下他们能够坚持下来，在中国足坛拥有属于他们的重要的一席之地。如果辽足没有培养过这样的球员，人们的记忆中可能早就没有了辽足的名字。由此观之，对于职业足球俱乐部的生存和发展，优秀的足球运动员作为核心竞争力是至关重要的。

2.核心竞争力是俱乐部发展的基础

拥有核心竞争力是一个企业在激烈的市场竞争中立足的根本。职业足球俱乐部核心竞争力不足，直接关系到俱乐部发展的空间的延伸。几年来，消逝在甲级联赛赛场上的四川绵阳、甘肃天马、西安安馨园、哈尔滨兰格等足球俱乐部，他们之所以有今天黯然消失的下场，表面好像是因为市场经营惨淡，但根本原因不就是没有优秀的球员导致的吗？仔细回想，他们有几个出类拔萃的球员呢？竞争力不足当然不可能有市场，没有市场必然球队就没有前途。即使那些不会因为生存而担忧的，但人才实在是匮乏的中超、中甲足球俱乐部，离开了他们的大股东单位（隶属集团）几乎不计算产出效率的投入，笔者相信没有几家能够泰然无忧。而且，很明显的是，这样的俱乐部明显没有发展的后劲。俱乐部是这样，整个中国足球市场的境遇和俱乐部的境遇是一样的，如果竞争力不足就会导致产品的质量低劣，市场资源就会被巨大闲置，这对市场来说是一种巨大的浪费。联赛质量太低，球队不能打出精彩的比赛，球员表现出来的素质不被广大球迷所认同，球迷对球队的期望落空，冷清清的足球赛场使足球市场资源没有被商家看好，这样的足球产业肯定不会兴旺。总而言之，缺乏核心竞争力直接导致了中国足球市场的趋淡。而足球市场趋淡背后那些对足球运动投入较多的参与人为了在足球惨淡经营中挽回自己的损害，必然想方设法以不正当手段谋取利益，甚至不惜犯罪，于是整个竞技足球所有利益相关者成为竞技足球犯罪的被害人。

（三）俱乐部核心竞争力缺乏的表现

1. 后备人才资源储备不足

中国足球协会对于中超俱乐部的进入资格有严格的规定，进入中超的俱乐部首先必须要有自己的后备梯队。但是事实上很多俱乐部为了应付中国足球协会的评估，常常临时租借后备梯队以对付检查和评估。有些俱乐部虽然组建了各级后备梯队，但却只象征性地投入了训练，根本不足以培养出任何人才，当然也达不到为一线输送人才的目的[1]。即使是那些很有潜力的运动员，俱乐部一般也不会花很大成本培养，同时也很少把上场锻炼的机会留给新球员，职业足球竞赛中的球员更新率是非常缓慢的。日本将自己的非常多的足球人才送到足球运动发达国家去训练，其运动员人数达到60000人，是中国的600倍，这些培养出来的运动员就成为日本职业俱乐部丰厚的竞技人力资源库。中国职业足球俱乐部如果要引进一名水平很高的国内球员，转会费一般可达到1000万元人民币，在引进外援时如果其水平较高的话费用甚至超过这个数字。国际米兰俱乐部青岛足球学校的董事长宋伟民说：1000万元就能赞助100个孩子到国外踢球。[2]道理真的很明显，原因就是中国职业足球俱乐部的投资者根本没有要长期经营俱乐部的任何打算，因为在球员成才之前俱乐部可能就已经被转让了，如果把大把时间花在后备力量培养上面，这个培

---

[1] 顾晨光，我国职业足球俱乐部短期行为的成因与应对策略［J］. 体育科技文献通报，2007，15（9）：17-19.

[2] 顾晨光，我国职业足球俱乐部短期行为的成因与应对策略［J］. 体育科技文献通报，2007，15（9）：17.

养的成本当然不能被收回，作为理性经济人的投资者当然不会花钱为他人做"嫁衣"。

2. 资源价值低效重复

能够直接或者间接给企业带来利益的是企业的理性行为，资源价值的低效重复却是俱乐部的非理性行为带给俱乐部的。产权经济学的一个基本观点是，有效的体制应该把产权（实际上是资源）从低效人的手中转移到高效人的手中。[1] 有效的体制应该是把产权（实际上是资源）从低效人的手中转移到高效人的手中，这是产权经济学的一个基本观点。正是由于国有资产的特征，也就是真正的所有者缺位，以及产权软约束，使大多数投资足球的企业采取的是短期经营策略，他们不会在俱乐部经营方面投入过多。至于在后备力量的培养方面，常常采用引进国内外高水平球员的做法，而不是建立面向未来的后备人才培养体系。俱乐部可以进行经营的有形和无形资源的最终来源都是运动员人力资源的资本化及其生产，如果失去了这一来源，俱乐部的经营状况肯定会得不到改善。正是由于短期效应的影响，俱乐部在场地、设施等俱乐部发展所必需的要素上的投资也不会得到较大的改善。企业一旦退出，俱乐部必须面临从零开始的局面，导致其在能力和资源方面不能获得稳定的积累。俱乐部产权的流动并没有使俱乐部的资源价值提升，从俱乐部成长角度考虑，这种流动是无效的[2]。

3. 教练员生存环境堪忧

关于教练的问题，我们认为不能以几场比赛的输赢来衡量教练员的执教能力。毕竟影响竞赛成绩的因素很多，包括对手的竞技能力、裁判的因素等都可能会影响到球队的成绩，但是这些因素教练都是没有能力控制的，教练员需要在联赛中成长这是一个教练成长的规律。但是俱乐部追逐短期利益的过程中不可能给教练员这样的机会，几场不理想比赛，情绪激动的球迷一喊，教练就必须面临"下课"的危机。中国职业足球俱乐部教练下课在世界上也是排名第一了。中国教练员经常像走马灯一样地被"下岗""下课"，教练员

---

[1] 卢现祥. 西方新制度经济学［M］. 北京：中国发展出版社，2003：156.

[2] 顾晨光，何志林，马志和. 国有企业与职业足球俱乐部成长［J］. 中国体育科技，2005，41（1）：55.

的能力是不可能在这种状况下得到提高的。

4.俱乐部没有自己的品牌产品

有研究表明，俱乐部最主要的收入来源是以品牌和商誉为中心的无形资产的经营，但是在俱乐部实施短期行为状态俱乐部根本不会重视品牌塑造，只因为与一般企业相比俱乐部品牌塑造的周期非常长。国外很多经营得很好的著名俱乐部一般都拥有很多固定的球迷群体，而且这些球迷多年只忠实于一个俱乐部的大有人在，有的球迷甚至是一家几代人都成为某一俱乐部竞赛产品的最忠实的消费者，而高质量的竞赛产品是培养球迷忠诚的首先条件。要生产高质量的产品，对运动员、教练员和管理人员专业能力和素养的培训是非常重要的，高质量的球赛能够形成良好的品牌和商誉，吸引观众的消费。俱乐部比一般企业更注重社会形象的建立。俱乐部要赢得更多球迷的支持必须通过做大量的社会工作，这肯定需要投入大量的资金、劳动力和时间。根据《中国财富》对球迷的调查，在中国，仅有13%的职业足球俱乐部在品牌塑造方面做出过很多努力并成功进行了品牌塑造。

5.社会资源累积效应停滞

我们可以在很大程度上认为足球俱乐部除了是一个商业组织之外它还是一个社会组织，把自己建成一个融合经济与社会的二元结构组织应当成为职业足球俱乐部建设的目标。在这两者的关系中首先经济是基础，只有获得充分的经济保障俱乐部才能得到自己想要的成功；但同时俱乐部如果要想得到长期发展则其社会资源的积累也是必须要重视的。俱乐部要想实现其商业目标，主要取决于其能够吸引多少观众的注意力，因为不管是广电机构还是赞助商都主要考察俱乐部吸引了多少观众的注意力而进行报道或者投资，而对于培育各种社会关系，则需要大量的人力、财力和物力等资源的投入。因此二者都是职业足球俱乐部目标，同时又互为手段。当今俱乐部之间的竞争越来越演化为经济力量的竞赛，这种过分商业化的趋势逐渐掩盖了俱乐部的社会价值，但商业却无法替代俱乐部与社会的交流，这一点是毋庸置疑的，这里也来引用前凯尔特人足球俱乐部总经理JockStein的话："没有球迷，足球就毫无价值"。❶商业足球的利益在于它具有持久的社会和公众吸引力，股东的利益和球迷的利益是同等的重要，如果俱乐部只是把利润看作是其唯一的经营目标，那么这种俱乐部是绝对走不远的。大家深知的社会资源是积累出来的道理，但社会资源的积累需要长期的积累，更需要一定的投入，如果一个俱乐部仅仅追求一时的轰动效应，那么一切资源积累的道理都将失去意义。任由这种情况发展下去，中国职业足球俱乐部将因资源累积停滞而原地踏步不再成长，职业联赛也失去向高层次发展的动力。

第三节　足球俱乐部自身的被害预防

足球俱乐部自身的被害预防，是指从足球俱乐部自身被害性角度入手，通过分析足球俱乐部自身因素和环境被害因素，采取各种措施和手段减少足球俱乐部的易于被害性，积极防止初次被害和重复被害的一种犯罪预防活动。其中包括克服被害人自身被害主动性和克服被害人自身被害被动性两种方法和路径。

一、克服俱乐部的被害主动性

克服俱乐部的被害主动性，指的是俱乐部用自己的力量采取措施和手段减少自身带有的被害主动性，最终达到预防竞技足球犯罪被害目的的一种方法和路径。既然足球俱乐部在参与竞技足球活动中不良的管理制度和不理智的投资行为造成了自身的被害，那么只要改良足球俱乐部自身的管理制度，调整好俱乐部自身的投资行为就能够避免足球俱乐部成为竞技足球犯罪的被害人。

（一）建立俱乐部现代企业制度

现代企业制度是指以完善的企业法人制度为基础，以有限责任制度为保

---

❶ 斯蒂芬·摩洛.足球经济的奥秘［M］.金艳丽，译.北京：中国金融出版社，2006：44.

证，以公司企业为主要形式，以产权清晰、权责明确、政企分开、管理科学为条件的新型企业制度。在中国，职业联赛中大部分俱乐部都已注册成俱乐部有限责任公司和俱乐部股份有限公司，具有独立法人资格，俱乐部的机构设置大多是按照公司机构设立❶。然而，在俱乐部实际运营过程中常常受到很多其他因素的影响，比如政企共管所引发的管理混乱，制度规范缺失导致的产权不清等问题随处可见。俱乐部的非职业化运行经常导致运营成本的失控，联赛不能得到健康发展，中国足球俱乐部的管理体制必须予以改革与完善，当前最紧要的任务是建立现代企业制度。现代企业制度主要包括以下内容：企业法人制度、企业自负盈亏制度、出资者有限责任制度、科学的领导体制与组织管理制度。产权明晰带来更多的市场选择，这是足球俱乐部现代企业制度建立的必然后果，俱乐部复杂的多重隶属关系得到解决；不仅具有产权约束、调节功能，而且还有产权激励功能。现代企业制度以其强大的无可比拟的优越性，能够有效解决现行俱乐部制度中存在的诸多问题，同时能够保证俱乐部的健康运营。

1. 明确界定俱乐部的产权

俱乐部的产权关系必须予以理顺，使俱乐部产权关系逐步走向清晰化，明确俱乐部法人财产权，使俱乐部成为真正的经营者，成为自主经营、自负盈亏、自我发展、自我约束的市场主体。建立以社会化多元投资为主体的俱乐部投资机制。扩大俱乐部的开放程度对外争取更多投融资，俱乐部的建立与经营运作应适度引进外资加入，形成良好的职业足球俱乐部运营体系，这种体系以股份制俱乐部为主体，其他各种运行形式合理并存。为了保证俱乐部产权的可交易性，必须在制度上形成俱乐部产权的排他性。首先明确的应该是：俱乐部对其自身的资产享有支配权，而俱乐部作为公司法人有其独立性。提出的以下设想目的是为了保证俱乐部法人产权的独立性：①在俱乐部资产中将国有资产的比例减少，非国有资产的投入增大，股东数量增加，在时机成熟的条件下挂牌上市。进一步强化俱乐部资产的可交易性和市场监督机制。②建议俱乐部应该有自己的俱乐部名称而不要使用其主要投资公司的

---

❶ 熊文. 伦理对竞技体育发展运行的价值评价和把握［J］. 成都体育学院学报，2008，34（1）：14—18.

名称，而且应当将俱乐部名称视为企业的无形资产进行积累和增值。③全面评估各职业足球俱乐部的资产，尤其是对运动员人力资产的评估要予以重视，在此基础上进一步明确俱乐部的产权。当然只有具有专业资质的评估机构才能承担资产的评估工作。

2. 实行政企分开的经营管理模式

政府不再直接插手俱乐部的具体事务，也不再按照事业机构来管理俱乐部。坚决杜绝上级主管机构从自身利益出发而干预俱乐部日常事务的状况，使俱乐部能够自主地根据市场需求安排各项活动，真正摆脱行政机构的支配。俱乐部在资金上对政府的依赖关系要彻底清理，经济上要形成硬约束。俱乐部在收入分配等政策上对政府的依赖关系也要彻底清除，俱乐部及其员工的收入福利待遇等政府将不再承担责任，俱乐部及其员工的各种利益应该与俱乐部的市场活动成效直接相联系，市场机制应当与俱乐部的利益分配过程紧密地联系起来。政府职能转变，政企必须分开，而且要对此进行法制化，给予职业俱乐部摆脱目前体育局办队或企业办队的过渡形式，为建立真正独立的足球企业提供制度保障。

政府转变职能、政企实行分开包括以下两方面：一是退出职业足球这是地方政府首先必须要做到的。政府必须明确体育公益事业是政府的责任与义务，它是与体育产业完全不同的两种性质的事物，因为体育产业完全是企业家的事情与政府无关。毋庸置疑的是地方足球俱乐部的联赛成绩会给地方的球迷乃至居民带来荣誉，俱乐部所属城市也会因此收获效益。为此，地方政府应该做的事情就是努力营造良好的发展足球产业的政策环境和市场环境而不是其他。二是中国足球协会也必须实行"管""办"分离。目前的中国足球协会仍然是政府职能与社团职能合为一体的特殊机构，但是其最主要的职能还是应该把精力主要放在加强对国家足球事业的宏观管理，比如制定国家足球发展的规划，组织奥运会、世界杯等国际大赛，管理全国运动员、教练员、裁判员的注册，培养青少年足球后备人才，宏观管理和监控职业联赛以及各级、各类比赛，对国家足球组织、竞赛管理的有关章程、规定等的制定和监督执行等方面上来。这样一来中国足球协会就可以将办职业联赛，以及相关的经营管理职能转移给职业联赛委员会。因为足球具有"公益事业性"和

"经营产业性"的两重性，我们认为中国足球协会所做的事情应该是"公益事业性"方面的，在"经营产业性"方面能做的就只有培育、营造良好的市场环境而已。"经营产业性"足球的任务应该由各职业足球俱乐部，以及主要由它们组成的职业联赛委员会或职业联盟来办，中国足球协会应该从足球市场的经济活动中退出来才是硬道理。

3. 完善俱乐部法人治理结构

首先，实行现代企业制度是职业足球俱乐部必须尽快完成的当务之急。目前我国可以以有限责任公司形式为主发展足球职业俱乐部，发展成股份有限公司的尽量是那些比较成熟的俱乐部，同时俱乐部也可以作为上市公司进行上市，但是必须选择那些管理规范、运转正常、符合条件的公司。这对于推进体育的职业化不仅是有利的，同时通过投资主体的多元化和社会监督的发展，也有利于在职业体育发展过程中以外力促进职业体育俱乐部的规范发展。其次，作为现代企业和市场主体的职业足球俱乐部也必须加强实体建设，规模化、品牌化的应该是俱乐部今后的发展方向；符合比赛要求的体育场和相应的训练场地必须是固定的，办公设施现代化；参加职业联赛的球队必须是一支高水平的队伍，青年队和少年队必须匹配相应的各年龄层次，拥有一支高水平的教练员队伍。再次，建立和完善内部管理体系必须以《公司法》的规定为指导，要实现真正的"法人治理结构"；内部组织机构需要完善，股东会、董事会、监事会、经理层需要重新建立健全，各自的职责权限通过章程，以及其他公司文件加以明确并真正落实，实施科学的管理；建立相应的体制和机制以能够发挥和保护教练员、运动员积极性，保护其合法权益为目的。最后，必须建立法律约束机制以落实"法人治理结构"，也就是怎样才能使规章制度中死的条款在现实中变成组织管理的活的实践。这是一个非常关键的环节，对于当前完善体育俱乐部制度来说，当然这也是保证俱乐部健康发展的关键。

俱乐部追求的目标就是俱乐部经营利润的最大化，当俱乐部面向市场经营时这是必然要求。只要俱乐部获取经营利润的途径是来自提高自身的经营管理水平、降低运作成本、为观众提供最大限度的服务等，那么增加的利润就说明为满足人民群众的需要而提供了物质基础，就说明人民群众对体育竞赛表演观赏需要的满足程度得到提高。俱乐部形成以门票、商业比赛、广告与赞助为主业，电视转播、标志开发等相关产品并驾齐驱的经营体系，根据市场需要安排、组织经营活动、依照市场供求规律不断拓宽经营空间，使俱乐部经营收益持续提高，经济上形成良性循环。

（二）建立风险投资退出机制

为什么建立风险投资退出机制就能够避免足球俱乐部成为竞技足球犯罪的被害人呢？因为作为理性的经济人，足球俱乐部投资竞技足球的目的在于通过经营竞技足球达到盈利，即使不能盈利，至少能够让自己投资的资本从被投资的领域安全退出。而要实现投资安全撤离的目的，必须有一个合理的投资退出机制，即使不能全身而退，至少将自己的投资风险降到最低，良好的风险投资退出机制就能达到这个目的。如果这个目的达到了，作为俱乐部的投资人主动实施导致自己成为被害人的行为的机会就会减少，从而达到从俱乐部本身预防被害的目的。

从当前中国足球产业的实际运营情况来看，近几年来足球产业的市场准入条件不断提高。其原因一方面是因为以资本市场为依托，以资本运营为纽带，以提高经济效益为核心的足球产业，出现了以股份制为主要形式的体育产业集团，这些集团是通过兼并、联合、重组等方式组建而成的，实际上就在不自觉的过程中提高了足球俱乐部的实际准入条件；另一方面则是行业外资本往往被我国复杂的足球产业搞得一头雾水，而这种复杂性给投资所带来的巨大风险又常常令行业外资本尤其是一些中小企业投资足球的可能性减低❶。投资一定会考虑到回报比率，这是一个很实际的问题，所以行业外资本就会对职业足球的投资风险进行评估。虽然防范风险、分散风险是资本自身具有的能力，他们也会采取一定的举措来适应投资环境以更好地规避投资风险，但是要吸引行业外资本进入促进我国职业足球发展，首先为资本松绑是必需的，与此同时还必须自己主动动手来降低资本的投资风险。实现风险资本盈利的渠道就是风险投资的退出，而且在目前看来是投资能够规避风险的

---

❶ 刘贵传，等.我国职业足球俱乐部中风险投资的退出方式研究［J］.山西师大体育学院学报，2008，23（3）：53.

最主要的渠道。如果我国职业足球俱乐部领域内的风险投资能够成功退出，不仅可以使风险投资人获取高额回报或避免损失，而且也将成为风险投资进行新一轮投资的基础。

风险投资是由筹资——投资——退出——再投资等环节构成的连续性投资活动，如果没有退出机制，我国竞技足球俱乐部领域内风险投资活动的链条就会中断，竞技足球俱乐部中的风险投资就无法实现资本增值和良性循环，当然也无法吸引新的风险资本。

1. 风险投资退出概述

风险投资就是指将一定的资金投向高增长、高风险的产业领域和企业，以获得预期不确定高收益的一种权益投资行为[1]。而所谓风险投资退出，是指风险投资机构或者风险投资者在其所投资的风险企业或项目发展相对成熟后，将所投资金由股权形态通过某种形式转化为资金形态予以撤回的行为[2]。根据我国职业足球发展的实际情况，我国职业足球俱乐部领域内风险投资退出的概念应作如下表述：某一企业集团在将风险资本投入到职业足球俱乐部之后，为规避风险或寻求高额回报，将所投资金由股权形态通过某种形式转化为资金形态予以撤回的行为[3]。这一概念清晰界定了我国竞技足球领域风险投资退出的概念，本研究将在这个概念的基础上展开相关讨论。

2. 风险投资退出的主要方式

（1）首次公开发行上市。首次公开发行上市是风险资本最主要的退出方式，是指职业足球俱乐部改组为上市企业，企业集团所持有的风险投资的股份通过资本市场第一次向一般公众发行，实现回收或资本增值[4]。公开上市一般来讲对将风险资本注入我国职业足球俱乐部的企业集团而言是最好的退出方式。一方面，金融市场对职业足球俱乐部经营业绩的认可的一种方式就是允许其公开上市，职业足球俱乐部通过公开上市可以在证券市场上得到持续

---

[1] 田宇.高技术产业风险投资研究［M］.北京：中国财政经济出版社，2004：70-71.

[2] 安实，等.风险投资理论与方法［M］.北京：科学出版社，2005：153-154.

[3] 刘贵传，等.我国职业足球俱乐部中风险投资的退出方式研究［J］.山西师大体育学院学报，2008，23（3）.

[4] 刘贵传，等.我国职业足球俱乐部中风险投资的退出方式研究［J］.山西师大体育学院学报，2008，23（3）.

融资的渠道；另一方面，企业集团的风险投资通过公开上市也可得到较高的回报。在美国有 20%~30% 的风险投资采用首次公开上市的方式退出，采用该方式退出的风险投资的资本回报倍数较高，大大高于用其他方式退出的风险投资的回报❶。虽然公开上市不能使风险资本从职业足球俱乐部中完全撤出，但是其不但可以为我国职业足球俱乐部筹集到更多的发展资金，而且可以顺带解决风险资本所投资的职业足球俱乐部中的"道德风险"问题。

（2）兼并收购。兼并收购作为一种最活跃的退出方式，是指风险投资公司通过另一家企业兼并收购风险企业的一种方式，既是风险投资退出的又一重要途径，也是风险资本退出最常用的方式，风险资本家可以快速地将风险资本撤除风险企业，以实现资本增值❷。现阶段在职业足球俱乐部中风险投资的主体多为大企业集团，而非专营性风险投资公司❸。所以在职业足球俱乐部领域中，兼并收购是指通过在大企业集团之间实现职业足球俱乐部的产权交易，以实现风险资本的增值或避免损失。兼并收购又可以分为一般收购与第二期收购两种。前者是指企业之间的收购与兼并，后者是指由另一个企业集团收购早期的企业集团手中的股份，进行第二期的投资，原先的企业集团顺利退出或部分退出。近年来在我国职业足球俱乐部领域内采用更多的是一般收购这种退出方式。

（3）破产清算。中国职业足球俱乐部的发展历程证明，并不是每次企业集团的风险投资都能够获得成功进而全身而退。如果在遇到职业足球俱乐部的经营管理不善，或者职业足球俱乐部因为受到市场因素和环境因素的不利影响无法继续经营时，企业集团就会考虑到该被投资的职业足球俱乐部已经没有发展前途或已经不能实现预期目标，这个时候唯一能够做到的就是迅速地抽身而退，也就是破产清算，即把职业足球俱乐部的资产卖掉，接着在其中提取属于自己部分的现金用以抵消其在职业足球俱乐部中的投资。职业足球俱乐部的相关利益者最不愿意看到的结果就是破产清算，因为这就表示该

❶　龚超，等．试论风险投资的退出机制［J］．金融科学，2000（2）．
❷　刘贵传，等．我国职业足球俱乐部中风险投资的退出方式研究［J］．山西师大体育学院学报，2008，23（3）．
❸　周祖宝，等．风险投资在我国职业体育俱乐部中的应用研究［J］．安徽体育科技，2003，24（3）：111–113.

企业集团在职业足球俱乐部中所做的风险投资的彻底失败。国外研究资料表明破产清算在风险投资退出中约占 32%❶。一般地讲，破产清算平均仅能收回投资的 64%❷。破产清算作为风险投资退出的一种方式，能够有效地防止企业集团在我国职业足球俱乐部中的风险投资的损失扩大或低效率运行。职业足球俱乐部的破产清算在我国职业足球俱乐部的风险投资退出方式中有着不可替代的地位。

3. 足球俱乐部风险投资退出方式选择

根据我国职业足球俱乐部发展的实际情况，我国职业足球俱乐部中风险投资最为现实可能的退出方式是兼并收购，其他几种较为现实可能的退出方式依次为二板市场交易和场外交易。破产清算是风险投资各方最不愿看到的结果，然而却是投资失败后退出的必经之路。

（1）兼并收购。在目前我国职业足球俱乐部公开发行上市的渠道受到阻塞的情况下，兼并收购成为风险资本退出的一种重要方式。我国现阶段职业足球俱乐部风险投资退出方式中一种操作性较强的方式就是并购，单凭自身实力难以维持俱乐部的正常运营是风险投资者在经营俱乐部过程中认识到的一个重要问题，实力雄厚的上市公司通过收购这些投资股权，为俱乐部进入证券市场寻找资金后盾，实现风险资本从俱乐部投资中的顺利退出。

（2）二板市场交易。2004 年 5 月 17 日，我国酝酿已久的二板市场，即为中小企业开创的创业板市场开始成立，我国职业足球俱乐部作为中小企业，这一举措为其风险投资的上市退出奠定了基础。一方面，进一步加快股份制改造，完善俱乐部的内部结构已经成为我国职业足球俱乐部首要解决的问题，这将使其成为真正意义上的实行现代企业制度的股份制公司打下基础，同时我国职业足球俱乐部的经营管理现状也要进一步努力改善。另一方面，中小企业板制度创新也要大力推进，通过总结我国职业足球俱乐部发展规律、特点和风险特性，结合《公司法》和《证券法》制定与职业足球俱乐部相适应的公开上市条件。

（3）场外交易。场外交易的优点在于十分灵活，尽管它的缺点也是很明

---

❶ 白云.我国风险投资退出机制法律障碍分析［J］.特区经济，2005（2）.
❷ 程静.风险投资项目退出的时机与方式选择研究［J］.企业技术开发，2003（9）.

显的，比如说很难形成统一的价格，交易者的寻价和谈判成本较高，市场效率相对较低等，但是基于其灵活性的优势，场外交易仍是一种比较适合我国职业足球俱乐部风险投资发展现状的产权交易方式。场外交易不需要严格的市场监管，也没有上市标准；提供一个交易场所和信息沟通渠道是它可以为投资者和俱乐部所做的一个贡献，另外它还可以推动风险资本向产业资本的置换，而且其范围较小的优势使其能够有效地防范金融风险。

二、克服俱乐部的被害被动性

克服俱乐部的被害被动性，指的是俱乐部用自己的力量采取措施和手段减少自身带有的被害被动性，最终达到预防竞技足球犯罪被害目的的一种方法和路径。既然足球俱乐部对因其在经营竞技足球活动过程中采用的投机取巧行为使自己不幸成为竞技足球犯罪的被害人，那么俱乐部只要杜绝在其经营管理足球产业的过程中的短视行为，扎实培养自己的核心竞争力，用心打造高水平的品牌赛事，就能够避免自己再次沦为竞技足球犯罪的被害人。

（一）培养俱乐部核心竞争力

企业的核心竞争力决定一个企业的命运，要想达到被害企业变被动被害到主动避免自身成为被害人，企业核心竞争力的培养是其当务之急。而核心竞争力的培育有多种思路和方法。什么是职业足球俱乐部的核心竞争力已经非常明确，围绕如何培养具有共同企业文化价值观念的优秀球员，可以从以下几方面入手。

1. 加强青少年足球人才的培养

没有青少年足球规模的一国足球，其足球的社会化、市场化、职业化程度是不可能提高的，没有青少年足球质量的一国足球，其足球水平绝不可能走向更高、更强的境地，没有青少年足球人才作为系统支持的足球俱乐部，更不会枝繁叶茂。

（1）完善青少年足球运动员的培养体系。在计划经济模式下，青少年足球训练体制为：足球体育传统学校——区少体校——省、市少体校——青年队——专业队，是一种线型的培养和选拔体系。足球职业化改革以来，这种线型培养体系逐渐被打破，俱乐部出于各种目的纷纷组建后备梯队，不拘一格降人才。尽管这样，从现实的情况来看，当前的青少年足球人才无论从规模上还是质量上都远远不能满足职业足球俱乐部选材的需要，更不能满足中国足球发展的需要。比如国家队多年来一直倚重郝海东这批老运动员撑起一片天的状态折射出的就是中国足球职业化二十多年来的后备人才的短缺。仅依靠俱乐部是不能完全构建出中国足球的大厦的，必须再加上完善的青少年足球培养体系的有效运行才是中国足球真正的发展之路。青少年足球培养体系应该具备以下内容：以建立和加强俱乐部后备梯队为纲，以少体校、足球学校为目，以学校足球和社区足球为本，纲举目张，才能固本培元。因此，青少年足球运动的开展和进一步完善和加强是刻不容缓的事情。

（2）发展学校足球和社区足球。发展学校足球是增加中国足球人口的最有效途径，因为中国所有的青少年都集中在各个小学和中学里面。中国虽有10多亿人口，但因为受到训练场地、学习压力、政策导向等影响，足球人口非常之少。在我国，包括青少年注册足球运动员也仅有45万余人，而德国8200余万人口中注册足球运动员近650万人。教育部门和中国足球协会应该在大力发展学校足球方面给予政策导向和政策扶持，这是为增强人民体质同时也是为了中国足球的未来。当然，如果要考虑提高足球运动的群众基础，社区足球也是应当重视的一个方面。职业足球俱乐部可以通过自身的影响力，或者还可以拨出0.5%~1%的预算作为当地学校足球和社区足球的兴办经费，为俱乐部选材提供广阔的范围，把人才金字塔的底部打扎实的同时也能够夯实足球运动的球迷基础。

（3）改善足球俱乐部梯队培养模式。当前，中国14支中超和14支中甲足球俱乐部中，有半数以上的俱乐部建有完备的后备梯队体系，U–21，U–19，U–17，U–15，U–13，U–11甚至更低年龄层次的少儿足球的开展，奠定了俱乐部发展的基础。在培养方式上，有的俱乐部建立了自己的足球学校，例如山东鲁能足球学校、浙江绿城足球学校；而大部分俱乐部都主要是集中在训练基地里实行封闭式的训练管理。本书认为，要培养优秀足球运动员，必须在提高他们的技战术水平的基础上，提高其文化素质，系统训练，系统学习。所以，本书认为俱乐部和学校联合，在有条件的学校里培养自己的梯队运动员。学生可以在接受国家教育部要求的文化学习的同时能够在开放性的人文环境中生活、学习、训练，有利于足球运动员的健康成长，也有利于带动学校的文化体育生活，提高足球运动的吸引力。对于没有建立自己的后备梯队的足球俱乐部，一定需要想办法改变这种后继无人的活法，扎扎实实地为提高中国职业足球俱乐部的质量和培育中国足球生存发展的良好土壤尽一份义务。

2. 提高足球运动员的文化水平和综合素养

因为长期的集中训练生活，忽视了文化课的学习，对科学、人文、哲学、政治、法律方面的知识匮乏，球员的文化水平和综合素养不高，也影响了球员对足球的理解，以及对足球理论和足球技战术的理解。近20年来，中国GDP增长一直维持了较高的速度，2004年全年国内生产总值达到136515亿元，同比增长9.5%，2005年根据经济普查成果对GDP增长的预计是9.8%，经济高速稳定增长的原因是多方面的，但其中不可抹杀的就是劳动者素质的提高。大多数足球运动员文化水平不高，直接导致足球水平提高不快。一流的球队比技战术，超一流的球队比文化。文化才是足球真正的灵魂。

（1）确保青少年科学文化课程学习。"十年树木，百年树人"，正如上面所描述的那样，很多俱乐部其实已经意识到了文化对于青少球员的重要性，他们已经开始在实践中重视和实施。但是在漫长的足球工作战线上、中国足球协会对这个方面怎样才能从制度上体现要求和实现监督，这就需要做进一步的研究和加强了。只要所有培养青少年足球人才的机构都能扎扎实实地重视运动员的文化课程学习，重视运动员的学习效果，职业足球俱乐部核心竞争力的提升就有了基本的保证。

（2）现有足球运动员要加强学习。当前在各个俱乐部效力的职业运动员大都缺乏系统的科学文化教育这是他们的一个共同的特点，而且让这些运动员从头学起也几乎是不可能的事情。俱乐部要通过开讲座、做游戏、看影碟、读书会、研讨会、座谈会等各种各样的形式从生产、生活、社会、文化、艺术、法律、哲学、管理、足球理论等方面让球员学习知识，提高素质。尤其是那些有关足球运动的技能、理论、运动心理、运动学等背景知识，对足球运动员更好地理解足球、参加比赛都是有很大帮助的。职业足球运动员的能力提高后一定会反映到赛场上，知识就会使比赛更加精彩。职业运动员素质的提高还能够使他们和球迷间的交流变得更丰富，对于他们在比赛场等公众场合为足球树立良好的形象也是大有裨益的。职业足球运动员素质的提高对于足球运动在中国的开展，对于职业足球俱乐部的发展无疑是非常关键的。

3.加强足球俱乐部企业文化建设

企业文化是影响企业经营绩效的重要因素之一，是影响企业生产经营活动的软要素，可以对企业的各种资源进行人性化重构，它是被组织行为学高度推崇的企业应当具备的重要因素。现代企业管理思想正在经历一场深刻的变革，逐渐被放弃的是传统的成熟的垂直式功能化管理模式，取而代之的是"人性化管理"的理念、"以人为本""团队精神"的现代化管理理念。足球是一项团队精神必不可少的集体运动，虽然球员作为足球俱乐部经营的要素投入，也是俱乐部的重要产品，但这些都不重要，最重要的是，他们还是俱乐部中的重要成员，是具有主观能动性、具有巨大创造力和个人魅力的个体存在。目前，我国大多数职业足球俱乐部与本俱乐部球员之间不能形成彼此信任、具有强烈归属感和凝聚力的合作关系，只因为俱乐部过度依赖简单、粗放的奖金激励政策维系两者之间的关系，这一粗放的政策在一定程度存在着激励效用递减问题，甚至会使整个行业形成一种拜金主义的氛围，这对于职业球员职业素养的建立是非常不利的因素。

（1）企业文化的作用。对于一个组织来说，企业文化就是一种集聚着她的传统和风气的价值观，公司员工活力、意见和行为的模范就是由这些价值观构成的。能够很好地帮助企业聚集众人的凝聚力，并使大家有明确的共同追求的目标的一种重要的管理手段就是企业文化的建设。企业文化是一个企业能不能繁荣昌盛和持续发展的一个关键因素，尽管它不能直接产生经济效益。GE公司前CEO杰克·韦尔奇说过：健康向上的企业文化是一个企业战无不胜的动力之源。我国经济学家于光远说，关于发展，三流企业靠生产、二流企业靠营销、一流企业靠文化。我们的职业足球俱乐部的发展同样是这样的。一个仅仅依靠工作合同、工资奖金来约束大家的球队是不会有很强战斗力的，甚至有可能将是一群乌合之众。

（2）足球俱乐部企业文化建设。美国企业文化专家劳伦斯·米勒20年前预言，成功的企业一定需要企业文化，这种企业文化的精神包含在八大原则中：①目标原则，有价值的目标是否具备；②共识原则，一个能聚集众人能力的企业是成功的企业；③卓越原则，卓越不是指成就，而是一种精神，一种动力，一种工作伦理，培养追求卓越的精神；④一体原则，强化组织一体感的方式就是全员参与；⑤成效原则，激励的前提是成效；⑥实证原则，即强调科学的态度，善于运用事实、数据说话；⑦亲密原则，即相互信任互相尊重，团队精神；⑧正直原则，正直就是诚实，以负责认真态度进行工作。现代的企业一再证明他们的发展的确需要这些企业精神，俱乐部球队作为齐心协力，共同拼搏在绿茵场上的团队，尤其需要这八大原则。

（二）实施品牌赛事战略

实施品牌赛事战略是俱乐部避免自己成为被动被害人的一个有力的措施，和企业核心竞争力的培养一样具有预防被动被害的较大优势。所谓品牌战略，是指企业为了提高产品的竞争力而进行的，围绕着企业及其产品的品牌而展开的形象塑造活动，是企业为了生存和发展而围绕品牌进行的全局性的谋划方略❶。

1. 品牌一般理论

20 世纪 50 年代，美国的大卫·奥格威首次提出了品牌概念。直到 20 世纪 90 年代中国才出现了这个概念。目前，对品牌的定义主要有符号说、综合说、关系说和资源说。我国学者余明阳（2002）在《品牌学》中将品牌定义为：品牌是在营销或传播过程中形成的，用以将产品与消费者等关系利益团体联系起来，并带来新价值的一种媒介❷。大卫·A.埃克将品牌资产定义为：能够增加或减少一种产品或服务对于其公司或公司客户所产生的价值的一系列品牌资产和负债，以及品牌名称与象征。大卫·A.埃克建立了品牌资产的五星模型，他认为品牌资产的元素有 5 种：品牌忠诚度、品牌知名度、品质认知度、品牌联想和其他资产❸。

❶　朱菊芳.论我国职业足球联赛的品牌战略［J］.商场现代化，2005（26）.

❷　蔡军.体育经济学［M］.西安：陕西人民出版社，1999.

❸　钟天朗.体育经济学［M］.上海：复旦大学出版社，2004.

2. 品牌竞争理论回顾

"品牌市场竞争力"属于竞争力理论范畴。对以往的研究成果进行检索，我们发现品牌市场竞争力的研究是从 20 世纪 50 年代开始的，Burleigh B. 是该理论主要的奠基人之一。20 世纪 70 年代，品牌理论研究开始从"市场竞争"转移到"顾客消费"视角上来。如大卫·艾克（品牌学权威专家）强调 ❶：品牌在顾客购买心理方面发挥着巨大的驱动作用。选择品牌是顾客在购买产品之前首选考虑的因素。自那以后，学术界关于品牌市场竞争力的学术研究数量逐渐增多，研究理论越发更加成熟起来。

我们对目前学界关于"品牌市场竞争力"理论进行研究，通过综合分析得出这种理论主要包括四种类型：George MC Fish、Scott.B. R 等学者主张"品牌市场竞争力"是来源于企业内部效应的一种能力，其中 George MC Fish 强调品牌市场竞争力是一种去创造、获取、应用技术的能力，它是一个企业与其竞争对手相比的优势所在；Scott. B. R 认为品牌市场竞争力是指使用人力和资金资源以使企业保持持续发展的能力，它是一个企业在与其他企业的公平竞争中培养的能力。科特勒提出的"产品市场认定"理论也是学界公认的一种品牌学流派：他强调一项产品的价格、服务质量等方面因素将是决定该品牌的市场竞争力的主要因素，最能反映该产品的品牌竞争力则是企业的该产品优势与市场认定优势。Brown 提出的品牌"质量 > 数量"理论，主要内容是指消费者在信息社会中，将会被种类繁多的商品与商业广告所包围，因此是信息产品质量而不是产品数量是品牌市场竞争力的关键 ❷。最后一种是学者 Chernatory 关于品牌效应的"叠加 + 识别"理论：他认为品牌市场竞争力是指一种识别与消费能力，是顾客在同类或异类产品之间进行比较的结果，购买者的消费需要通过企业产品与服务的品牌叠加就能得到最大限度地满足 ❸。随着经济全球化进程不断加快，传统的产品竞争正逐渐被"品牌竞争"所代替，成为市场竞争的主流。被誉为市场的"朝阳产业"与"眼球产业"体育

---

❶ Aaker DA, Day GS. A dynamic model of relationships amongadvertising, consumer awareness, and behavior［J］. Journal ofApplied Psychology, 1974（59）：281–286.

❷ Brown S. Postmodern Marketing［M］. London：R outledge, 1993.

❸ De Chernatory, McDonald. Creating Powerful Brands［M］. Ox-ford：Buderworth–heinermann, 1998.

赛事将在促进经济增长、完善社会公共服务、促进精神文化建设、传播国家形象等方面带来重大意义。

3. 品牌赛事市场竞争构成要素

品牌赛事竞争力是一个综合概念，是指赛事运作主体通过实施品牌战略，整合赛事内部资源，使赛事产品或服务比其他赛事更有效地满足市场与观众需求，进而提升赛事运作方市场赢利的能力。体育赛事的品牌特征要素是多维的，本研究以捷克体育赛事研究专家 Eva Caslavova 2011 年提出的品牌赛事认定标准为研究起点，把体育赛事的品牌特征大致概括为：球迷平台、球星级别、赛事品牌传播、赛事历史文化与赛事发展潜能五大部分❶。

（1）球迷。球迷是在体育赛事资源链条中属于消费者。直接决定赛事能否长期有效运作的关键点在于球迷的数量与他们对赛事的消费力。Eva Caslavova 特别指出国际品牌赛事的重要标志就是要有足够多球迷数量与球迷们惊人的购买力。一项赛事被认定为品牌赛事，在考察其本土球迷的同时，更为重要的是看国际上其他国家球迷是否也是对他们有极大的喜欢与支持。2011 年 8 月 6 日，意大利超级杯在北京国家体育场举行，这次对阵的双方是 AC 米兰和国际米兰，米兰德比之战吸引了至少 91000 个中国球迷到现场观看比赛。根据 Gallup Poll 网站研究显示，西甲全球观众高达 4 亿人（包括现场观众）。

（2）赛事球星。拥有众多超级球星是品牌赛事最为显著的特征。一般品牌价值较高的赛事都是球星数量多与级别高的赛事。体育明星就像赛事皇冠上的宝石一样，他们有鲜明的个性、有很大的商业价值、有爆棚的人气指数、被全世界的公众所瞩目。比如欧洲足球五大杯赛就是一个典型的造星品牌赛事，从其建立之初到如今已经培养了一大批标志性球星，他们备受世界球迷喜爱。英超的贝克汉姆、阿兰·希勒、蒂埃里·亨利、尤尔根·克林斯曼、吉安弗朗哥·佐拉、詹卢卡·维亚利、胡安·贝隆等，意甲的马拉多纳、范·巴斯滕、古力特、里杰卡尔德、普拉蒂尼、法尔考等；德甲的亨特拉尔（Klaas-Jan Huntelaar）、戈麦斯（Mario Gomez）、克洛泽（Miroslav Klose）、托尼（Luca Toni）等；西甲的巴塔、比恩佐巴斯等；法甲的齐内丁·齐达内、

---

❶ 李南筑，等. 体育赛事规划观念及其务实分析［J］. 上海体育学院学报，2011（1）：6–7.

弗洛里安·莫里斯等。

（3）赛事传播途径与策略。包括电视、广播、广告、网络等在内的所有媒体都是品牌的传播途径。赛事品牌提升，赛事卖点放大都可以通过媒体传播得以实现。ESPN、ABC、TNT 与 NBC 是各大体育赛事最佳的宣传服务平台，他们是世界著名的四大职业体育媒体宣传公司，通过收揽各种与赛事相关的比赛、娱乐信息实现自己的宣传功能。

（4）赛事历史文化。一项赛事品牌文化底蕴是否丰富，我们一般可以从其运作时间长短来进行判断。欧美国际品牌赛事的历史不但悠久，而且它还能够和当地的文化、民俗风情、自然环境等因素融为一体。如意大利足球联赛最初始于 1898 年；法国足球甲级联赛运动始于 1872 年；1860 年，慕尼黑 1860 足球俱乐部的成立标志着德国足球运动的开始；西甲是在 1928 年成立的。一个半世纪以来，风云际会，沧桑变换的德国足球运动向我们展示了日耳曼民族另一种文化积淀和价值取向。法国人对足球远没有英国人或意大利人那么狂热与执着，他们大多数只是把它当作一种游戏，一种赏心悦目的周末节目来欣赏。西甲联赛的球风注重技术与进攻，具有很强的观赏性，与西班牙斗牛士的画风接近。

（5）赛事发展潜力。欧洲五大足球联赛是在赛事发展前景方面做得很好的品牌例证。意甲是世界上水平最高的职业足球联赛之一。英格兰超级联赛成立于 1992 年 2 月 20 日，现已成为世界上最受欢迎的足球联赛之一。西班牙足球甲级联赛成立于 1928 年，是目前欧洲所有联赛中最具欧战竞争力的联赛（共获得过 14 次欧冠奖杯），在球员和球迷心中有相当大的号召力，世界所有顶级球星都渴望在西甲联赛中效力。2013—2014 赛季，欧洲五大联赛的年收入首次突破百亿大关，达到 113 亿欧元（约占全欧洲年收入的 50%），而欧洲足球联赛的整体收入也突破了 200 亿欧元。

4. 创建足球俱乐部品牌的策略

一个品牌从开始创立到成功完成塑造一般要经历品牌创建、品牌提升、品牌更新 3 个过程❶。我们要判断一个足球俱乐部品牌经营处于哪一个阶段，

---

❶ 苏勇，陈小平. 品牌通鉴［M］. 上海：上海人民出版社，2003.

标准就是其所积累的品牌资产的大小。菲利普·科特勒认为，一种品牌应具备以下基本特征：一是极高的知名度；二是崇高的声誉；三是市场领先；四是能够实现持续利润增长❶。我国足球俱乐部显然属于在国内知名度较大的品牌，但是现在的俱乐部负面消息不断，在国际上没有任何领先优势，更不可能实现持续利润增长。在这种情况下对俱乐部品牌经营或品牌战略进行判断，我们只能说它还处在品牌的创建阶段。俱乐部品牌与企业品牌相比既有共性，也有自己与众不同的特性。不管是企业创建自己的品牌，还是俱乐部创建自己的品牌，他们都有相同的品牌创建模式，经历同样的过程。通过运用质量、信誉、文化、科技、管理、公关、广告等策略，提高企业的忠诚度、知名度、认知度、联想度和美誉度，并且在这个过程中不断积累品牌资产的过程。

（1）提高足球比赛质量。品牌的建立需要广告和包装来打动消费者，但是不止于此，要想建立真正的品牌，提升品牌在消费者心中的地位，还需要通过提供高质量产品，让顾客的品质认知度得到提高才能实现。因此，高质量的足球比赛才是俱乐部创建品牌最基础的东西。足球比赛被认为质量高一般有 5 大特性，即悬念性、技艺性、对抗性、创造性和公平性。俱乐部建立质量保障体系，能够提高其产品的属性和价值❷。

第一，训练和比赛保证。俱乐部对训练和比赛实施全面质量管理就能提高训练和比赛效果。首先，设计过程质量管理。制定质量目标的主要依据是高水平赛事特征及观众需求特点；确定球队比赛用的技术战术风格和采用什么打法；确定球队训练的目标是什么；选择聘任优秀教练员；制定训练的计划和纪律方面的要求；选拔优秀的运动员。其次，训练过程的质量管理。严格执行训练纪律，使训练的过程处于稳定的能够控制的状态，保证训练内容、训练负荷得到绝对的落实；改革研究训练方法，运用与足球运动规律相符合的训练方法和训练手段，目的是提高训练效果；对训练过程实施监控，科学合理地调控运动员的竞技状态，对营养恢复手段进行改进，预防运动员伤病的发生。再次，辅助训练过程的质量管理。俱乐部要对设备供应的管理应该加强，运动员的服装、场地的设施等必须保证符合训练的要求。最

❶　王永龙.21 世纪品牌运营方略［M］.北京：人民邮电出版社，2003.
❷　王景波.论我国职业足球俱乐部品牌创建［J］.中国体育科技，2006，42（6）.

后，比赛过程的质量管理。技术服务必须到位，比如向顾客提供比赛规程以及比赛中教练、运动员的信息，向他们宣传足球规则方面的知识；市场调查必须真实进行，比如对比赛质量进行评定，观众满意度调查，观众抱怨的解决等。

第二，制度保证。足球联赛管理部门要确实对足球法律、法规进行建立健全和完善，真正做到有法可依、执法必严。严厉制止恶性事件的发生，比如打架斗殴、围攻裁判、罢赛等，确实整顿赛风赛纪以保证足球联赛健康、有序地进行；作为确保比赛质量的基础，必须建立规范、稳定的竞赛制度。

第三，环境保证。俱乐部提高比赛的上座率必须要采取有效的措施，要充分发挥球迷协会的作用，通过塑造出健康、文明、欢乐的赛场氛围以获得球迷的支持。对草皮的质量进行维护，运动员技战术水平的发挥会受到草皮质量的直接影响，甚至联赛的形象也会被影响到，所以俱乐部必须加强对草皮质量的管理和维护，使其达到高水平赛事的需求。中国足球发展的一个非常重要的组成部分就是大众媒体，俱乐部必须要与媒体建立平等、合作关系，媒体要坚持正确的舆论导向，这一点对于媒体能够有效履行舆论监督的职责是非常重要的。

第四，人才保证。裁判员培养体系必须得到建立和完善，裁判员队伍的管理必须加强，要让裁判员们能够迅速适应快速、激烈的比赛要求，这是比赛顺利地进行的保证；教练员培养体系必须建立和完善，要培养出越来越多的能够掌握现代足球理念和科学训练方法的优秀的教练员，当然引进国外著名教练员和运动员也是必需的；后备人才培养体系的建立和完善也是必需的，选择从小学——中学——大学——专业运动员的这样一条培养路径，在这个基础上让大批有技术特点的足球明星崭露头角。

第五，信息保证。球队必须要了解现代足球的发展趋势，掌握好国外足球运动发展的动态；对国内各俱乐部的技战术特点有所了解；对自身球队的特长和不足要有明确的认知；在球队训练、比赛中要加快计算机的应用。

（2）增强俱乐部信誉。产品质量和企业信誉的保证是品牌。优质的产品、良好的俱乐部信誉是俱乐部品牌创建必须具有的要素。尤其是信誉，它是一种依据和保证，使俱乐部与社会公众的交往能够顺利进行。诚实、守纪、讲信用的形象是我国足球俱乐部的必须，通过俱乐部美誉度的提高，俱乐部的品牌资产就能得到进一步培育和扩大。新制度经济学研究表明，通过产权约束、正式约束、非正式约束和实施机制能有效地防止违约的发生❶。

第一，产权约束。中超联赛的现代产权制度必须得到建立健全；首先要建立联赛现代产权制度。其次要实行政企分开、政资分开、政事分开、事企分开、管办分离，建立国有俱乐部的现代产权制度。最后是国有俱乐部产权独立化。斯韦托所尔·平乔维奇（1999）认为：当一个企业的效益、利润与经营者的收益不相关联的时候，便很难维系企业的信用关系。❷建立对俱乐部股东约束和市场约束为内容的代理者的约束机制，打造良好的企业家队伍。

第二，正式约束。形成社会信用的法制基础就是制定和完善相关法律。首先是建立和完善市场竞争法律、法规、强化市场经济的法律约束与法律规范。其次要加强执法力度，强化信用的法律保障。通过法律保障推行诚信制度，让失信者付出很高代价而守信者获得更好发展，增大失信俱乐部的利益成本、道德成本、政治成本，让失信者因为得不偿失所以不敢冒失信的风险。

第三，非正式约束。首先要将市场信用的理念构筑起来：通过宣传使俱乐部信用是一种社会资源的观念得以确立；要对俱乐部信用的"经济价值"观予以强化；灌输信用经济是市场经济核心的意识。其次是俱乐部伦理道德的建设必须加强：通过加强市场经济道德的建设，确定竞争是与合作可以共存的、市场可以双赢的意识，建立公平、公正的竞争意识；通过对传统优秀思想文化的加强教育，对社会公德进行提倡，将诚实守信作为俱乐部道德建设、道德规范、道德观念的重要内容予以构建；将制定行业职业道德作为发挥行业自律优势的途径；道德舆论监督力量应该被发挥，舆论的宣传和监督作用应当被强化。

---

❶　卢现祥.西方新制度经济学［M］.北京：中国发展出版社，2003.
❷　斯韦托所尔·平乔维奇.产权经济学［M］.蒋琳琦，译.北京：经济科学出版社，1999.

第四，建立实施机制、保障机制。根据公共选择理论，足球协会是联赛的监管者，个人净收益最大化决定了足球协会官员的行为。只有受到全民这个委托人的有效监督，中国足球协会官员才能产生"监管作为"的行为。通过两个层次可以建立约束机制：第一个层次是中国足球协会官员被国家的法律、制度等规范约束；第二个层次是相互制约机制这是产生于交易主体之间的一种约束机制，足球联盟对促进俱乐部信用制度建立和信用机制运行能对这个机制的产生起到一定的作用。此外，规范的市场中介组织也是需要建立的，如会计师事务所、资产评估机构、信息服务机构等，目的是为规范俱乐部信用行为提供条件，以保障和促进足球联赛的有序进行。

（3）完善俱乐部管理。创建品牌是一项包括文化、科技、形象、广告、公关、服务等多种要素在内的复杂的经济系统工程，所有这些活动需要程序化和程序化的运用❶。品牌创建工作要能够在组织上得到保障必须建立与品牌运营相匹配的组织结构。

第一，职业足球俱乐部组织结构。构建俱乐部组织结构的目的是要有利于建立俱乐部品牌资产，对俱乐部经济效益和社会效益的提高有所增益。因此，建立相对完善的组织结构是非常必要的，对于有条件的俱乐部来说，也就是在俱乐部总经理（或者称为品牌经理）的领导下，设置服务、行政、商务、财务、球迷、新闻、公关、技术、纪律、文化、科研等部门；这样的组织结构将对俱乐部培育和扩大品牌资产更加有利。

第二，俱乐部品牌经理制。实行品牌经理制是职业足球俱乐部管理创新的一个重要内容。品牌经理制的主要内容就是在俱乐部内部建立起有效的品牌管理机制，对品牌的构思、设计、宣传、保护和品牌资产的经营进行全面负责，对全面、有效地实施品牌发展战略提供了组织上的保证，实现品牌运营的协调一致。

（4）建立观众忠诚。第一，观众满意。观众满意，是指观众通过对俱乐部及其产品的绩效与他的期望值相比较后，所形成的愉悦或失望的感觉状态❷。观众的期望来源于自己和别人的经验、公司做出的承诺，而绩效来源于

---

❶ 王景波.论我国职业足球俱乐部品牌创建［J］.中国体育科技，2006，42（6）.
❷ 菲利普·科特勒.市场营销管理［M］.北京：中国人民大学出版社，1998：36.

观众的感知价值（产品价值＋服务价值＋人员价值＋形象价值）与观众的感知成本（货币成本＋时间成本＋体力成本＋精神成本）之间的差异。因此可以说在期望与绩效基础之上就可以建立观众满意度，一切可能影响观众满意度的因素都会对期望与绩效产生影响❶。①管理观众期望。俱乐部通过做好以下几方面的工作可以管理好观众期望：俱乐部要实事求是进行宣传，对观众满意度的调查要定期进行；俱乐部员工一定要与观众保持沟通。②提高观众让渡价值。通过提高产品价值、服务价值、人员价值、形象价值来提升观众价值。降低观众成本——俱乐部要通过适当调整门票的价格，通过提高观众看球的便利程度，达到降低观众的时间成本、体力成本和精神成本的目的，并由此达到提高观众满意度的目的。③提升员工满意度。俱乐部员工的满意程度与观众满意程度之间是存在一定联系的。因此，俱乐部可以通过保健因素和激励因素两个方面的促进作用，使内部员工的满意度得到提升。④提升观众关系价值。俱乐部要对长期购买的观众施行奖励。区分不同观众的特征需要俱乐部建立客户关系管理系统（CRM）来对俱乐部的客户进行细分。⑤观众抱怨的处理。包括了解观众意见，服务补救必须迅速，使观众处于知情状态。⑥建立以观众为中心的组织。俱乐部应该运用品牌经理制来协调各职能部门以便于最大限度提升观众满意度。

第三，观众忠诚。观众是商品交换的真正主体，是俱乐部商品交换的终端。在现代营销理念中，观众不仅是俱乐部的顾客更是俱乐部不在账面反映的一项隐形战略资产，是俱乐部极其重要的财富。衡量观众忠诚度的一个重要指标就是上座率，观众的上座率主要受到俱乐部、市场、观众三方面的影响。比赛质量、运动员表现、教练员指导水平、俱乐部信誉等因素将会影响我国观众是否决定到现场看球。另外，国外学者的研究表明，运动明星的到场、特殊的赛事、客队排名、比赛吸引力等对出席率也有影响❷。俱乐部最难以控制的因素是市场因素，它也会对观众的出席率产生影响。研究显示，裁判员执法水平、球场安全性、赛场氛围、国家队成绩、新闻宣传等因素也会

❶　王景波.论我国职业足球俱乐部品牌创建［J］.中国体育科技，2006，42（6）.

❷　马修·D·尚克.体育营销学——战略性观点［M］.（第二版）.董进霞，邱招义，于静，译.北京：清华大学出版社，2003.

对观众的出席率产生一定的影响。除了上述影响因素之外，城市的人口数量；体育场的通路，体育场的美学，电视转播哪一场主场比赛，可替代的娱乐形式是否精彩；其他体育比赛引起的竞争等因素也会影响到上座率的提高。

通过对观众忠诚内涵的分析，我们归纳出俱乐部赢得观众忠诚的策略主要有以下几种❶：一是构建员工忠诚；二是分析观众特征以便能满足观众需要；三是创造出更高的顾客价值；四是对不同的观众予以区别对待；五是维护与观众的关系；六是赢回流失的观众。

---

❶ 王景波.论我国职业足球俱乐部品牌创建［J］.中国体育科技，2006，42（6）：26.

第六章　足球运动员

第一节　足球运动员的被害概况

一、足球运动员的界定

运动员按照我国职业分类标准可以将他们界定为专门从事各种体育运动的训练、表演和竞赛的人员。包括：球类运动员、田径运动员、游泳运动员、体操运动员、自行车运动员、航模运动员、棋类运动员、射击运动员、射箭运动员、划船运动员、跳伞运动员、武术运动员、气功运动员、桥牌运动员等。❶《中华人民共和国职业分类大典》也将运动员视为一种职业，与教练员、裁判员等从属于体育工作人员。❷ 在立法上，《全国运动员注册与交流管理办法》（体竞字〔2003〕82号）第2条规定：本办法所称运动员，是指参加国家体育总局主办的全国综合性运动会和全国单项竞赛的运动员。该运动员概念受到两种限定：①参赛限制。这个法律文件中所指的运动员和职业运动员没有必然关联，运动员就是那些参加国家体育总局主办的全国性赛事的人；②注册限制。运动员必须进行注册，第5条规定：运动员参加国家体育总局主办的全国综合性运动会和全国单项比赛，应代表具有注册资格的单位进行注册。这里的运动员概念也不强调其职业特征，只要参加市（地、州、盟）及以上级别的体育行政部门主办的综合运动会或锦标赛的正式参赛人员，都可以认定为运动员，其中"成绩标准者"可以申请等级称号。

---

❶ 《中华人民共和国国家标准：职业分类和代码》（GB6565—86）［M］．北京：中国标准出版社，1986，19.

❷ 《中华人民共和国职业分类大典》（2007增补本）［M］．北京：中国劳动社会保障出版社，2008，3，27.

从上面我们进行的分析可以知道，运动员的范围已经被人们从职业分类意义上的职业运动员开始延伸到参与竞技体育活动的业余运动员。其中，运动员的核心范畴是职业运动员，运动员的主体就是指专门从事体育运动训练并参加竞技比赛的自然人❶。有些人虽然不以竞技体育为职业，但他们在某些具体的法律关系中也享有相应的运动员权利，原因是只要参加了各种级别体育竞赛的自然人也可以成为运动员。这类主体与普通的体育爱好者之间的区别是他们必须以参加比赛为限度，一旦脱离比赛则意味着他们就失去了运动员的资格。综上所述，作为法律概念的足球运动员可以界定为专门从事足球运动训练和参加足球比赛的人，以及其他参加某次具体足球比赛的人。

二、足球运动员的权利

犯罪行为侵害的是被害人的合法权益，因此，准确把握好合法权益是全面认识犯罪被害人的关键之一❷。也就是说，作为犯罪被害人，首先必须享有既定的合法权益或权力，否则在客观上就不能受到侵害。作为参与竞技足球运动独一无二的主体，足球运动员在参与竞技足球活动过程中享有各种权利，具体包括：生命权、身体健康权、姓名权、劳动报酬权、受教育权、公平竞争权、肖像权、名誉权、荣誉权、隐私权、注册权、转会权、社会保障权及听证权、申请仲裁和诉讼等权利。在运动员的上述各种权利中公平竞争权是他们最重要的权利。为了不至于让讨论的范围过于宽泛，本研究将只讨论足球运动员受到竞技足球犯罪行为侵害的运动员的公平竞赛权和商品化权，前者是后者实现的必要要件。

（一）运动员公平竞赛权

公平竞争是指体育竞赛活动中，各相关主体为了争夺有限的体育发展资源（物质或精神）或对自己有利的存续条件，以规则公平为前提，在许可的技术运用范围内，各相关主体以同样的规则为标准进行裁定的竞争❸。公平竞

---

❶ 钱侃侃.运动员权利的法理探析［J］.法学评论，2015（1）：194.

❷ 杜永浩，石明磊.论刑事被害人的界定［J］.湖北警官学院学报.2003（2）：15.

❸ 程静静，钟明宝，张春燕.体育竞赛公平竞争的概念与规定性探究［J］.山东体育学院学报，2008，24（4）：17-21.

争权是指运动员在参与竞技体育的比赛、平时训练和一些集体活动中，遵守宪法和相关法律的要求，拥有为了获得体育事业发展资源或有利于自身的条件而实行或不实行某种行为，或者要求国家、相关组织及相关人等实行或不实行某种行为的权利。竞争无疑是竞技体育最为本质的东西，竞技体育的基石和最本质要求应该是公正和人人平等，通过平等的竞争最终实现所有物质上的利益和精神上的利益，这是公平竞争对于参与竞技体育比赛运动员最基本的要求，运动员在赛场上能够充分表现自己竞技能力的保障就是公正与平等。因此运动员的其他权利存在的前提就是公平竞争，职业运动员最看重的权利就是公平竞争权。

1. 公平竞争的性质

"公平竞争"也需要人们通过竞争来实现，但是需要在平等的背景下来进行。"竞争"的基础是"平等"，"平等"使每个人可以有效地发挥自身价值，使每个人合理的使用自身权利。在专业体育赛事中"公平竞争"使运动员"平等"权利得到最充分的体现。这种平等不再考虑运动员的国籍、肤色、信仰、性别，只考虑一个宗旨：即让每一个运动员都有获得冠军的可能性。"公平竞争"作为人类面对生活的态度，作为人类的生命意志的体现，人类希望通过"公平竞争"这一手段来激发生命的创造力，"公平竞争"存在的深刻的价值是人类可以通过它来掌握人生方向、塑造自我品格。马克思指出；价值这个普遍的概念，是从人们对待满足他们需要的外界物的关系中产生的。这种价值关系是指客体（竞技运动）能够满足主体（运动员）的某种需要。人们一旦认定了这个关系后，就决定了主体对客体的态度、行为的取舍，是向往、崇尚、努力追求，还是贬抑或舍弃。功利主义理论认为：道德本身没有价值，但其价值本身可以在竞争的终极目的中得到；作为竞技体育道德的体现者，公平竞争的价值体现的是必然要随着道义天平是否失衡而使它的最终价值产生波动的。

国际奥委会在洛桑于 1983 年向世界发布了其起草的公平竞争宪章。宪章中这样写道：公平竞争绝不是用文字写出来的，公平竞争的含义也不是用文字可以概述的。公平竞争应该成为体育运动的核心，它必须是运动员道德行为的规范，起着维护人类的尊严、保护生命、保护自然的作用。体育赛事的公平有着一套成熟的客观判断标准。所有的跑步赛事都必须有统一的起跑线，只有在裁判员发令后才能开始跑，在这种统一的规则下，谁能更快地到达终点，谁就获得冠军；田赛项目必须使用统一的相同的标准器械和遵守一样的比赛规则，在这样的比赛规则下，谁能跳得更高、谁能投得更远，谁就获得冠军；在各种球类比赛中，在大家都遵守比赛规则的前提下，谁能得的分越多谁就能获得冠军；就算是观赏性竞技项目如体操、跳水、蹦床等，也形成了一套为大众所接受的评分标准。一般来说，这些标准弹性较低，裁判判断比赛的胜负只依据成熟的客观的规则标准进行。我们所熟知的客观性公平便是人们根据这种客观标准所衡量和认定的。平等、公正是人类最基本的永远的追求目标。

体育总局为了真正将竞技体育变成公平公正、人人平等的比赛陆陆续续出台了许多政策、文件。如严格审查主体资格制度、绩效审计制度和奖励处罚制度等方面，也各种投诉和仲裁裁决进行了监督。但也有一个问题不可避免，那就是任何系统的设置内容不可能都是完美无缺的，所以在执行程序中会存在一些明显的漏洞，以及监管不力，处罚过轻等现象的发生。目前的竞技足球比赛中存在一些比较严重的欺诈行为，如裁判受贿、滥用兴奋剂、假球等违法违规行为，这些行为伤害那些严格遵守竞争原则的运动员和体育组织，使实现和保护公平竞争成为一句空话。

2. 运动员公平竞争权的形态

以权利的形态作为标准来分类，可以分为应有权利、法定权利和现实权利。权利的初始形态是应有权利，应有权利就是人们在特定的社会条件下产生的权利需要和权利要求，是社会主体本来就享有的权利。应有权利有时经常会变化成道德权利，所以，应有权利有时也被人们称之为道德性权利。体育精神的根本要求是遵守公平、公正、公开的原则来进行体育赛事，公平、公正、公开是现代竞技体育的精神实质，同时也是体育赛事一直渴望达到的终极目标，是职业运动员本来就应该享有的权利，所以是职业运动员基本的应有权利。竞技体育只有建立起了公平竞争的基本原则才能体现其内在要求，才能将竞技体育的魅力表现在人们面前。但是当公平竞争还没有在法律上得到体现时，它就还只是运动员的道德权利，其存在形态是自然权利。但随着国际上对竞技体育的法治化的推进，许多国家已经将公平竞争纳入体育法律的要求之中，公平竞争被规定为运动员的基本权利，公平竞争才得以转化为权利的第二步形态——法定权利。法定权利就是指人们的应有权利通过国家层次的立法得到了确认和完善后的以规范形式存在的权利。

1995年《体育法》在第4章第34条规定，体育竞赛实行公平竞争的原则；1992年第7届欧洲体育首脑会议通过《体育伦理纲领：公平竞赛—通向胜利之路》，本纲领的基本原则是倡导公平竞赛❶；《奥林匹克宪章》是奥林匹克运动根本法，它在文中明确规定，以互相理解、友谊、团结和公平比赛精神的体育活动来教育青年，从而为建立一个和平而更美好的世界做出贡献。体育运动尤其是公平竞赛和体育道德，说到底是保护人类的尊严。到了这个时候，公平竞争已经上升成为职业运动员的一项法律权利，其权利存在状态已经转化成法定权利。因此，公平竞争对于运动员来说，不只是一项道德权利，更是一项法律权利，是道德和法律的双重标准之下的——公平竞争权。

3. 运动员公平竞争权的法律基础

公平竞争权不仅是体育竞赛的基本原则，也是运动员的道德和法律权利。当公平竞争权作为一项法定权利存在时，需要有法律基础来进行支撑。我国的相关法律、法规和一些体育政策对维护公平竞争权的顺利实现也做出了很多规定。

（1）宪法。虽然我国《宪法》没有明确规定运动员享有的公平竞争权，但运动员既然是我国的公民，同样应当享有宪法所赋予我国公民的基本权利。我国《宪法》第33条规定，公民在法律面前一律平等。国家尊重和保障人权。从上述法条可以推出，公平竞争权就是平等权在竞技体育中的运用，是运动员平等权利在竞技体育中的最直接最实际的体现，因此，运动员享有公平竞争权是有着宪法依据的。这种平等不需要考察参赛者的政治、经济、文化背景，也与参赛者的自身条件无关，只考虑一个宗旨：让每一个参赛者都有均等的夺冠机会❷。

（2）体育法。从法律的严格意义上讲，《体育法》是我国目前唯一一部专

---

❶ 王蒲，仇军. 公平竞赛——欧洲体育伦理纲领［J］. 体育文史，1996（6）：50-51.

❷ 刘志敏，等. 对竞技体育"公平竞争"的哲学阐释［J］. 体育与科学，2002，23（1）：37-38.

门调整体育关系的法律，但《体育法》从其内容上更多是一部管理法而非保障法，在其条文中更是缺乏具体的保护运动员的条款❶。尽管如此，作为我国调整体育活动的基本法律，《体育法》中关于公平竞争还是有着明确规定的。《体育法》第 34 条规定：体育竞赛实行公平竞争的原则。体育竞赛的组织者和运动员、教练员、裁判员应当遵守体育道德，不得弄虚作假、营私舞弊。在体育运动中严禁使用禁用的药物和方法。禁用药物检测机构应当对禁用的药物和方法进行严格检查。严禁任何组织和个人利用体育竞赛从事赌博活动。第 49 条规定：在竞技体育中从事弄虚作假等违反纪律和体育规则的行为，由体育社会团体按照章程规定给予处罚；对国家工作人员中的直接责任人员，依法给予行政处分。第 50 条规定：在体育运动中使用禁用的药物和方法的，由体育社会团体按照章程规定给予处罚；对国家工作人员中的直接责任人员，依法给予行政处分。第 51 条规定：利用竞技体育从事赌博活动的，由体育行政部门协助公安机关责令停止违法活动，并由公安机关依照治安管理处罚条例的有关规定给予处罚。虽然在体育法的上述条文中没有直接关于运动员公平竞争权的内容，但从这些条款中处处体现着对公平竞争权的保障。

（3）体育行政法规。国务院为领导和管理国家体育事业而制定的体育行政法规，主要是《反兴奋剂条例》。《反兴奋剂条例》对于维护运动员公平竞争权的作用是显而易见的，这从其立法目的中即可以看出。《反兴奋剂条例》第 1 章总则第 1 条规定，为了防止在体育运动中使用兴奋剂，保护体育运动参加者的身心健康，维护体育竞赛的公平竞争，根据《中华人民共和国体育法》和其他有关法律，制定本条例。并且在该条例中对运动员和运动员辅助人员在禁用兴奋剂方面也都做了相应的规定。《反兴奋剂条例》第 23 条规定，运动员辅助人员应当教育、提示运动员不得使用兴奋剂，并向运动员提供有关反兴奋剂规则的咨询。运动员辅助人员不得向运动员提供兴奋剂，不得组织、强迫、欺骗、教唆、协助运动员在体育运动中使用兴奋剂，不得阻挠兴奋剂检查，不得实施影响采样结果的行为。运动员发现运动员辅助人员违反前款规定的，有权检举、控告。第 24 条规定，运动员不得在体育运动中使用

---

❶ 陈旸，等.竞技体育竞赛中不正当竞争行为的防控［J］.北京体育大学学报，2008，31（5）：590–592.

兴奋剂。我国通过体育行政法规对使用兴奋剂的行为进行调整，其实质就在于保护运动员的公平竞争权，保证运动员处于平等的同一起点。

（4）体育政策。政策和法律都是公共管理的重要手段，政策在法律制定之前是主要的调整依据和手段，法律是对成熟、稳定政策的确认和固化，因此，政策也是法律制定的重要渊源。在我国，党中央、国务院制定的关于体育方面的大政方针历来就是我国重要的体育法律渊源。在我国的很多体育政策性文件中都有关于公平竞争的规定。在《中共中央国务院关于进一步加强和改进新时期体育工作的意见》的第28条指出，某些地方存在的不遵守竞赛规则、扰乱赛场秩序和其他各种腐败行为，是对公平、公正、公开竞赛原则的背离，与公民道德建设背道而驰。在《体育事业"十一五"规划》的第27条中指出，要不断完善竞赛规则和规程，建立健全体育赛事的仲裁制度和赛风赛纪的监督、检查、认定和处置机制，加大对弄虚作假、徇私舞弊、执裁不公、扰乱赛场秩序等违规违纪行为的处罚力度。在《关于加强体育道德建设的意见》中指出，从业于竞技体育工作的人员，要严守公平、公正、公开的竞赛准则和道德要求。在运动员中要大力倡导……严守规则、公平竞争等道德规范。……在裁判员中要大力倡导……精通业务、公正准确；秉公执法、不徇私情等道德规范。针对体育比赛中存在的使用违禁药物、裁判不公、弄虚作假等不正之风，要加大教育力度、进行作风纪律整顿……切实维护体育竞赛的公平性、公正性、公开性和纯洁性。在《2001—2010年体育改革与发展纲要》中指出，要按照公开选拔、公平竞争的原则，采取集中与分散相结合的方式组建国家队……坚决反对使用兴奋剂，坚定不移地贯彻严令禁止、严格检查、严肃处理方针。严肃整治在运动员资格问题上弄虚作假、打假球和裁判员执法不公的现象，加大处罚力度。

4. 公平竞争权的内容

竞技体育是以竞赛为基础的。向公众提供精彩的赛事，既是职业体育生存和发展的基础，也是其巨大的魅力所在；而体育竞赛的基础，则源自于公平的竞争。因此，公平竞争在成为所有体育竞赛基本原则的同时，也理所当然地成为职业运动员最重要的一项权利。体育运动中的平等原则较之其他领域应该贯彻得更为彻底，因为体育本身源自人类对公平的呼唤。体育的最大特点是竞赛，它是体育的生命和活力，也是其魅力所在。公平竞争是任何体育竞赛都要坚持的最基本原则，也是所有运动员最重要的权利。公平竞争权包括以下内容：①平等参赛权。无论任何民族、性别、肤色、宗教、国家大小、民族强弱、社会地位、财产状况一律平等，所有参赛运动员都处在一条水平线上。过去的一切已成过去，无论成功还是失败，都重新开始，不论资排辈，一律凭技术水平和运动成绩平等参赛。②标准一致权。裁决标准不能因国、因人、因地、因时而异，不能前后不一，时严时松，变动无常。③竞赛条件相同或相近权。场地器材、规格要求、地理环境、性别年龄要相同，级别相当、机会均衡，不能差异太大。④成绩准确真实权。成绩裁决要科学、准确，裁判人员要不偏不倚，公正执法，不得徇情枉法，更不得贪赃枉法。⑤优胜劣汰权。完全依据技术水平的高低，运动成绩的优劣，竞赛结果的胜负，来决定谁上谁下，谁奖谁不奖。

（二）运动员商品化权

国内专家对人格权的商业化衍生权利大多赞同由美国引进的公开权概念，将商品化权定义为对自己的姓名、肖像和角色拥有保护和进行商业利用的权利❶。运动员（本书中的"运动员"是指已经在全国单项体育协会注册的运动员，并非广义上的运动员）商品化权是指运动员对其具有一定声誉的人格标示进行商业化利用而形成的特定人身权利。它包括运动员的姓名、肖像、声音、人格等标示在商业化利用过程中所形成的全部利益❷。运动员商品化权被认为是体育商业化的产物。体育作为社会上层建筑当中的重要组成部分，其发展受到一定社会经济基础的制约。随着我国社会主义性质市场经济的确立和发展，体育领域也渐渐地按经济规律进行商业化运转，于是出现了运动员的姓名、肖像乃至声音、人格等标示逐渐被商业化利用的现象。在广告的宣传等方面，体育明星和那些影视明星完全可以比一下高低，运动员人格标示的潜在商业价值不断提升。

---

❶ 王利明，杨立新. 人格权与新闻侵权［M］. 北京：中国方正出版社，1995.

❷ 常东帅，常立飞. 对我国运动员商事人格权的思考［J］. 吉林体育学院学报，2007，23（6）：18.

1. 商品化权提出的依据

商品化权提出的依据就是运动员享有的人力资本的产权，人力资本是指存在于人体之中的、后天获得的具有较高经济价值的知识、技术、能力以及健康等质量因素之和❶。确定竞技体育运动员的人力资本的产权，首先要从竞技体育人力资本的投资和形成着手。与资本品的形成相似，人力资本的形成同样是通过投资和生产而形成。

人力资本区别于物质资本最大的特点就是，人就是人力资本的必然承载者，作为人力资本承载者，人就是人力资本投资的主体同时也是人力资本投资的客体，由于人力资本投资这一主、客体具有同一性的特点，决定了不论有多少个投资方和投资方进行了多少投资，资本的形成都必须要承载者本人通过付出其健康、体力、精力、时间、天赋以及相应机会成本才最终可能形成资本。所以，从理论上说，人力资本的承载者也可以说就是人力资本"天然"的所有者。作为人力资本"天然"所有者的运动员本身应该与其他投资者一样，拥有对人力资本的产权参与进行分割和控制的权力❷。

2. 商品化权的主体

（1）知名运动员是商品化权的主体。由于商品化权的主体一般只能是"名人"，因此只有知名的运动员才能成为运动员商品化权的主体；客体是运动员所创造的信誉，其姓名和肖像以及二者的结合是商品化权的对象，而不是客体；肖像是自然人通过某种物质载体，运用绘画、摄影、造型艺术或其他表现形式将个人形象在客观上的再次显现。肖像载体是存在于肖像人的人身之外的，法学上属于物的范畴，是有形的，因而并不是无形资产。姓名作为常用而另类的人物称呼语，在言语交际中具有"指称对象"的本质功能，姓名本身也不会是无形资产，同运动员名字相同的人很多，但他们的名字并不具有商业价值。知名运动员在商业上的成功不是因为他们的姓名特殊，而是因为其声誉度高。我们可以说普通人的肖像权是有效用性的，但它不具有稀缺性和收益性，而知名运动员的肖像权则符合资产的特征；效用性、稀缺

❶　李建民. 人力资本通论［M］. 上海：上海三联书店，1999：7.
❷　邹国防. 产权分割：竞技体育运动员人力资本产权问题的思考［J］. 体育与科学，2004，25（3）：19.

性、收益性，是无形资产所属的范畴。知名运动员因为其知名度、声誉、影响力都较高，给人以良好的整体形象，可以将姓名、肖像使用权部分地转让给商家，商家可以将运动员的姓名和肖像或注册成为商标，如"李宁"牌的运动服、"乔丹"牌的运动鞋；或印刷在商品外包装上，以提高商品的销路和企业的信誉。这种将知名运动员的姓名、肖像进行商业化使用的权利就是运动员的商品化权。在运动员无形资产包含的内容中，运动员的人力资本是其基础，是无形资产价值的承载者，其他的价值则依附它而产生。

（2）普通运动员不享有商品化权。运动员商品化权的实质是将在体育领域已获得较高声誉和较大影响的运动员的姓名和肖像进行商业性使用，将其信誉移植于商业领域，从而吸引广大的消费者，达到扩大产品市场、创造商业效益的目的，而普通运动员的肖像权、姓名权不能实现这种商业性使用的目的，因此不是无形资产。《民法通则》第一百条规定：公民享有肖像权，未经本人同意，不得以赢利为目的使用公民的肖像。肖像权是指公民可以通过各种形式在客观上再现自己形象因而享有的专有权。肖像权最基本的利益是人格利益，是精神上的利益，而不是财产利益。从资产的特征来看；效用性、稀缺性、收益性，普通运动员的肖像权、姓名权只具有效用性，不具有稀缺性和收益性，因而不是无形资产。

（3）知名运动员有权行使运动员商品化权。运动员是运动员商品化权的合法主体，有资格禁止他人使用，在一定条件下还可以授权他人使用。

3. 商品化权的法律特征

法律要想保护体育明星的形象权，其法律上的依据在于，与一般社会公众相比，体育明星的形象具有更大的商业开发利用价值，其能够为体育明星，以及其他权利受让人带来比较高的商业利润。由此就能看出，体育明星形象作为体育明星形象权的客体的一般具有以下基本的特征：形象的整体性、形象的知名性和形象的商品化。

（1）形象的整体性。形象的所谓整体性就是指被商业开发和利用的体育明星的形象必须要能准确完整地展现体育明星自身的整体特征，能够使他人准确得知这一形象所指向的对象。也就是说，形象权意义上的形象一定要是能够表现主体的个性特征的要素整体。由此我们很容易推测出，体育明星形象中一般要包含那些能够指向该明星身份的某些要素，如姓名、肖像及声音等等。

（2）形象的知名性。这里的知名性，所强调的是形象一定是被公众所熟知，至少应该是被相关群体所熟悉，这是对形象能够给予商业开发的前提条件。由于商品化权的主体一般都是"名人"，而且是品行优良的"名人"，只有知名运动员才能成为运动员商品化权的主体；客体是运动员在参加各种体育运动过程中创造的信誉，其姓名和肖像的有效结合是商品化权的对象，并非客体。毫无疑问，体育明星的形象是完全符合这一要件的。体育明星，尤其是那些全球性运动项目中的知名运动员，如足球运动员克里斯蒂亚诺·罗纳尔多，贝克汉姆等，其形象早就被全世界所熟知，对其形象的开发利用能够带来更大的市场号召力和影响力，从而提升产品的品位和知名度。

（3）形象的商品化。形象的商品化，主要是指对形象的商业化的开发和利用。要想让一般的公众形象或者是体育明星的形象为权利人带来收益，其途径是必须对其形象进行商业开发利用。权利人使用自身的实体或虚拟的形象，或他人以合理的对价受让或被许可使用这一形象，他们的目的并不会受限于该形象的知名度和创造性本身，而在于该形象能够在市场中产生的影响。而正是该形象在市场中形成的影响力才能视为形象商品化的核心要义之所在。体育明星在相关领域产生的知名度所带来的市场号召力就是法律保护其形象权的最根本原因。权利的实质就是要将在体育领域已经获得较高声誉和较大影响的运动员的姓名和肖像进行商业化的使用，将其信誉移植到商业领域中，进而吸引广大消费者，达到商家扩大市场、创造商业效益的目的。

4. 商品化权的内容

体育明星行使其商品化权的方式让我们可以发现：一般来说，体育明星商品化权的行使主要是通过以下几种方式予以展开。

（1）广告代言。为公司企业在各类媒体上进行广告代言，是体育明星开发和使用其商品化权的比较常用的途径和方式。我们平时在电视、网络、移动媒体、报纸、杂志及宣传册等平台上面看到的各种产品及形象代言就是属于这一类。如罗纳尔多、卡卡代言过金嗓子；C罗还为洗发水做代言，罗纳尔多、罗纳尔迪尼奥、C.罗纳尔多、伊布拉希莫维奇、鲁尼、里贝里、阿德里亚诺等为耐克做过代言；贝克汉姆、卡卡、巴拉克、西塞、卡恩、舍甫琴科、大卫·比利亚、阿德巴约、劳尔等为阿迪达斯做过代言。杨晨也曾经是彪马足球鞋在中国的形象代言人。在进行广告代言过程中，投资人一般会要求体育明星必须综合运用其自身所有"技术优势"，如签名、肖像、技术动作等，以便能够提高其产品的市场号召力和影响力。

（2）注册商标。一些很有商业头脑的体育明星，在积极参与对各项产品宣传及作为形象代言的同时，也选择将他们独特的"技术优势"申请为商标，希望能够获得对其权利更加充分和完善的保护。根据商标法的规定，任何包括文字、图形、字母、数字、三维标志和颜色组合，以及上述要素的组合形成的可视性标志，只要它们能够将自然人、法人或者其他组织的商品与他人商品区别开来的，都可以申请成为注册商标。当然，体育明星形象中所表现出的独特气质，比如个性化的签名、独特的技术动作、另类的外在形象等，完全符合商标法中关于商标注册标志的要求。

（3）注册为企业字号。将个人形象中的人格要素申请注册为企业字号，则是体育明星行使自身商品化权的另外一种方式。根据我国《企业字号登记管理规定》的规定，私人企业作为企业字号使用可以是投资人的姓名。此外《企业名称登记管理实施条例》承认将自然人投资者的姓名申请作为企业字号是合法的。比如"李宁体育用品有限公司""北京邱钟惠科贸有限公司""北京许绍发体育有限公司"就是将著名运动员的名字注册为企业字号予以使用。

三、足球运动员被害后的表现

（一）运动员成为制造成绩的工具

为了实现既定的参赛目标，中国足球在训练或比赛过程中采用了一些非理性、非科学、非人性，甚至是非法的手段，整个竞技比赛的过程被异化。足球比赛中篡改年龄的行为导致比赛结果"谎言化"，训练中的"非人性"以及"高淘汰"使得对运动员丧失了人文关怀，金钱利诱下的"假、赌、黑"现象导致运动员、教练员、裁判员，以及所有赛事相关主体其职业伦理丧失，比赛中的"君子协定"使比赛遭遇到信任危机等诸多问题。在整个竞技比赛的过程中，竞赛的体制与机制运行已经脱离了伦理的控制，伦理丧失了对宏观道德主体的价值把握功能，竞技比赛严重偏离其终极目标，竞技比赛过程遭到严重异化。

参加竞技足球比赛的主体是人，竞技足球比赛的本质就是教育人并促进人的全面发展，人是整个比赛过程中的出发点和归宿点。然而，在竞技比赛本身被异化的情况下，比赛的成绩于是沦为工具，成了追求"职位、地位、金钱"的砝码，同时人也不可避免地沦落为制造成绩的工具，人的"生物属性"转变成了人的"物的属性"，与体育的终极目标"以人为本的前提下促进人的全面发展"的理念渐行渐远，竞技比赛的主体已经被异化，追求成绩替代了追求人的发展成为竞技比赛的终极目标。高度商业化的竞技足球比赛使竞技足球参与者受到利益的驱使，在参加竞技体育比赛过程中失去了自我意识，参加比赛的行为驱动力由"实现自我"转变为"职位、金钱、政绩"而参加比赛，竞技足球比赛参与者将伦理道德置若罔闻，最终导致"假球""消极比赛""赛场暴力"肆虐。而正是这种负面的社会环境促成了竞技足球犯罪的产生，使潜在的犯罪人和被害人成为现实的犯罪人和被害人。

（二）运动员的商品化权不能形成和实现

运动员的商品化权包括运动员的姓名、肖像、声音、人格等标示在商业化利用过程中所形成的全部利益，它是运动员在从事职业足球比赛过程中实现的全部个人价值的总和，以运动员高尚的职业诚信和参与的体育比赛的真实性和纯洁性为基础。竞技足球犯罪使体育比赛丧失真实性和纯洁性的基础，许多优秀的运动员的商品化权不能形成更不能实现，成为竞技足球犯罪的牺牲品。很多优秀的运动员不但不能向世人展示自己刻苦训练的最好成绩，即使展示了自己的较高的竞技水平获得胜利，也可能被误解为是"钱权交易"的结果，进而影响自己商品化权的形成及其实现。

（三）竞技足球发展活力受损

足球运动员是竞技足球发展最重要的人力资源，这一点是毫无疑问的。由于竞技足球犯罪而导致竞技足球发展活力受损这一现象主要表现在两个方面。一方面，是竞技足球发展可持续动力的削弱。在竞技足球的主要拉动力中，竞技足球人力资源的作用远远高于其他方面，如果竞技足球人力资源和人才资源在总人口中所占比例较小，那么这种阶层结构明显就是不合理的，且对竞技足球发展的拉动力是弱小的❶。据虞重干等学者的调查，我国竞技体育的人力资源和人才资源存量较低，无论是体育或非体育家庭，都不愿意孩子从事竞技体育❷。这种趋势不能对竞技足球的发展提供有效的可持续动力。另外，体育竞赛公平公正的环境在很大程度上能够缓解竞技足球人才的流失，因为它可以使人们对体育竞赛的未来有一个相对稳定的预期。相反，如果体育竞赛失去有效的公平，大量的竞技体育人才不仅不能对自己未来的比赛生涯有合理预期，反而抱持一种不确定性，则体育竞赛中的不公平就会削弱竞技足球发展的动力。另一方面，是竞技足球活力的削弱。如果体育竞赛失去公平，很多竞技体育人才的潜能将不能得到有效的发挥和释放。如果竞技体育的流动机制是不公平的，就会打击那些从事着基层训练的教练员和运动员们的积极性，整个竞技体育的活力将因此遭到严重的削弱。

第二节 足球运动员自身的被害原因

足球运动员自身的被害原因即被害性是指在竞技足球活动中，足球运动员带有的主动诱使和强烈刺激的特性，是导致竞技足球犯罪加害人实施加害行为的重要原因或者是加害人实施加害行为时可以利用和必须利用的条件。主要包括足球运动员自身对于竞技足球犯罪所带有的被害诱发性、被害易感性和被害受容性三种特性。

一、被害易感性——运动员缺乏法律意识

易感性特征是指被害人使自己成为犯罪人加害目标的特征，是其自身具有的，在心理和行为方面处于无意识状态的，容易被犯罪人引入被害境遇，

---

❶ 黄彦军，徐凤琴.我国竞技体育公平问题研究［J］.体育文化导刊，2010（7）：85-86.

❷ 于永慧.中国体育行政体制改革的政府角色［J］.体育与科学，2010（3）.

从而成为犯罪人实施犯罪行为重要条件的各种因素的总和❶。易感性特征以消极的不作为形式吸引了犯罪人的加害行为。被害人的易感性越强，被害的危险性越大，强烈的易感性还可能使被害人招致反复被害。运动员法律意识的缺乏使他们可能即使受到犯罪行为侵害也不自知，这种对犯罪无意识的状态成为竞技足球犯罪人实施犯罪行为最重要的条件，导致运动员成为竞技足球犯罪的被害人。

（一）运动员缺乏基本法律知识

法律知识是衡量法律意识高低的很重要的依据，也是法律意识很重要的一个内容，是法律意识形成的知识和理性基础。只有具有法律意识的运动员才能自觉地遵守纪律和法律。自 1995 年《体育法》颁布以来，通过系统的普法教育，我国大部分运动员的法律知识有所增强，尤其是对《中国足球协会纪律处罚办法》《中国足球协会运动员管理条例》的了解程度较高。但是足球运动员对于与其自身权益密切相关的《体育法》的了解程度却不高。《体育法》是指导、规范和保障我国体育事业改革发展的重要法律，是我国规范体育运动的基本法，是体育工作者必须要遵循的准则。有调查结果显示❷，大约30.8% 的足球运动员不了解《体育法》，有 1.3% 的运动员没有听说过。运动员对学习枯燥的法律知识不感兴趣，他们最关心的事情比较多地集中在人际关系、金钱、荣誉和退役后的职业选择上，把法治教育当作负担。在竞技足球犯罪中除了赛场暴力等犯罪之外，其他犯罪具有较大的隐蔽性（比如足球贿赂犯罪），对于缺乏法律知识的运动员来说要想发现这些犯罪是比较困难的。因此，欠缺法律知识的运动员在心理上和行为方面对于犯罪处于无意识的状态，而正是这种对于犯罪的消极不作为形式吸引了竞技足球犯罪的产生。

（二）运动员法治观念淡薄

法治观念就是指人们对法律的看法和观点。由于历史和现实的原因，足球运动员的法律意识先天就有些不足，继而不能得到良好发育，法律意识培

---

❶ 张建荣.刍议犯罪被害人的被害性［J］. 2006（1）: 96.
❷ 沈建华，等.我国职业足球运动员法律意识研究［J］. 体育科学，2005，25（5）: 12.

养和形成缺乏正常的法律环境，所以直到今天他们的法治观念仍然淡薄。主要表现在，当自己的合法权益受到侵犯时候不会懂得用法律手段来保护，不相信法律的作用，而是通过向有关部门反映、通过关系等手段来解决。调查结果显示❶，当运动员的权利遭到侵犯时，有33.8%的运动员就会选择向有关部门反映，10.3%的运动员选择通过关系解决，还有4.7%的运动员选择忍气吞声，只有45.2%的运动员会选择运用相关法律来争取权利。在比赛中遇到裁判员不公正执法时，只有40.6%的运动员会在赛后进行申述。可见，我国足球运动员的法治观念仍然是比较淡薄的，法律意识的参差不齐和总体水平的低下，与法治发展的要求就形成了一定的反差，也直接影响到足球法治化的实现进程。正是因为法治观念的淡薄，导致运动员根本不可能正确认识到竞技足球领域出现的犯罪现象，这种对于犯罪而言的易感性导致他们成为竞技足球犯罪的被害人。

（三）运动员的法律观点偏差

法律观点是法律意识的重要组成部分，也是衡量法律意识不可缺少的依据。法律观点与法律知识水平之间存在着内在的密切的联系。一般来讲，法律知识水平高，就会具有正确的法律观点，否则，就会形成法律观点的偏差。调查显示，❷运动员对其所拥有的，像文化教育权、重大决策的参与权和知情权等认识不清。大多数运动员权利意识、参与意识、责任义务意识、积极守法意识不强，许多运动员仍习惯于用权力而不是法律来维护自己的权益，甚至给予"权大于法"以相当程度的认可。混淆法律与道德的关系，认为法律调整的范畴就是道德调整的范畴，体会不到法律在社会生活中的保障作用。对法律持消极态度，认为法律对他来说无所谓，缺乏遵纪守法的自觉性。因为自己没有守法的自觉性，当然不可能要求其他人遵守法律，这是消极不作为的另外一种表现形式，同时也是导致运动员一再成为竞技足球犯罪被害人的原因。

---

❶ 沈建华，等.我国职业足球运动员法律意识研究［J］.体育科学，2005，25（5）：12.
❷ 沈建华，等.我国职业足球运动员法律意识研究［J］.体育科学，2005，25（5）：12.

二、被害诱发性——运动员职业道德价值观异化

被害人的诱发性主要指其具有的、可能使自己受害的、能够引发犯罪人实施犯罪的行为因素。❶犯罪是犯罪人内在独立意志活动的产物，也是犯罪人与被害人双方外在的社会交际活动的产物。被害人可能有意无意之间就已经对犯罪人犯罪构成了其作为外在因素之一的"诱饵"性质的影响，被害人与犯罪人常常是一体两面的关系。"社会互动理论"认为：如果犯罪人周围的环境具备这种"诱饵"性质的因素，其实施犯罪行为的可能性就越大，而被害人则经常扮演这种"诱饵"角色。这种角色不仅指被害人有意地言论、行为，还包括无意的静止的状态、所处的时空环境、正常具有的各种条件、因素等。因此，将过程互动性列为被害人总体特征之一，有助于澄清被害人在"犯罪—被害"发生过程中的真面目，揭示这种二元互动的更为深层的机制。运动员职业道德价值观念的异化容易诱使竞技足球犯罪人实施加害行为，因为异化的道德价值观为犯罪人准备了犯罪的温床，一个众人都缺乏正确道德意识的环境是对犯罪人实施犯罪行为最大的诱惑，运动员群体本身具备的这种被害诱发性容易导致自己成为被害人。

（一）职业道德价值观的异化

1.职业道德价值观概述

（1）职业道德价值观的概念。运动员职业道德是指与其所从事的竞技体育活动紧密联系，并符合职业特点要求的道德准则、情操、品质。不仅是竞技体育行业对社会所承担的道德责任和义务，也是社会道德在其职业生活中的具体化表现。职业运动员的职业道德虽受到体育道德标准的约束，但也具有自身特点，它是为了职业竞技活动的顺利进行，而建立的调整各种关系的职业道德规范。运动员职业道德价值观是指运动员对于运动员的职业道德价值的看法、观点和态度。道德价值观是价值观体系的主要组成部分，是人们选择行为的导向。道德价值观是一种道德信念，是主体根据自身的道德需要对社会行为是否有道德的判断尺度。它影响个体的道德目标，支配主体的道

---

❶ 童敏.流动人口刑事被害人及被害预防［J］.犯罪研究，2013（3）：57.

德判断与道德评价，控制行为选择与实施过程，是个体价值观体系中有关社会道德生活的部分。它所进行的是对社会行为是否道德，自己行为是否符合社会道德等的判断。道德价值观在社会生活中调节人们的思想与行为，从而协调人与人之间、人与自然之间的关系。所以，道德价值观既是客观的，也是任何社会都不可少的。

（2）道德价值观的层次。道德价值观有道德的目标价值、道德的动机价值、道德的手段价值、道德的效果价值等层次。道德的目标价值是道德主体对道德的目标价值的判断。它是道德的核心部分，决定主体的道德标准、品质、水平和好坏、美丑取向。道德的动机价值是主体追求一种道德目标的原因与动力系统。道德的手段价值是主体选用何种手段最能体现自己的价值目标的观念系统。道德的效果价值是主体在自己或他人行为之后，对行为效果进行评价的观念系统，是评价自己行为效果是否道德的心理活动。道德价值观的这四层价值结构，不是孤立的，而是相互联系、相互制约的。人们在道德活动中的道德目标与道德动机几乎是同时产生的。动机出现以后，就会在道德目标导向下选择道德手段与进行道德效果的评价。

（3）道德价值观的功能。道德价值观作为一种综合心理系统，具有以下一些功能：①定向功能。道德价值观是个体选择道德生活的指南。它起着指导道德认知、导向道德行为的作用。作为具有正确职业道德价值观的职业球员，他会做有益于国家和民族利益的事，对无益于国家和民族的行为会产生强烈的厌恶与愤慨等道德感。②识别功能。个体时刻对周围的现象进行鉴别，对周围的行为是否道德进行评价，对自己的行为、思想、言论是对是错进行反思。这些评价与反思的标准，即是存在于主体头脑中的道德价值观。③动力功能。个体在其道德价值观指导下，当符合他的道德价值目标的事件出现以后，他就会自发地行动起来，毫不犹豫地去实践。反之，当违背他的道德价值目标的事件出现以后，他就会自觉阻止行为的发生或停止自己的不道德行为。④调节功能。在个体的道德活动中，总是不断地依靠道德价值观对行为方向、手段、效果进行评价、判断与调节、控制。⑤道德价值观四种功能的关系。道德价值观的四种功能是与人们的社会生活紧密相连，协调配合的。每个人在他实施某一行为时都会有某种道德价值指导他，做他行为的定向功能、识别功能、动力功能与调节功能。因此，只有树立了正确的道德价值观，才能产生正确的道德功能。

2. 职业道德价值观的异化

运动员职业道德价值观的异化是指运动员对于运动员职业道德价值所持有的扭曲、不正常的看法、观点和态度。"价值"是个相当广泛的关系性范畴，其源出于人的一定"需要—满足"结构。价值观念是人们对社会生活中体现主客体价值关系的部分社会存在的反映，是主体以自身需求系统为参照系，对主客体之间价值关系进行整合而形成的观念，它体现了主体的愿望、要求、需要、欲求、理想等❶。它实质上是主、客体相互作用中客体对于主体的一种效应，处于不同关系中的主体之间，以及他们内部的"需要—满足"结构均不相同，由此形成很不一样的价值关系。在社会转型过程中，人的生存状态发生了极大的改变，原先的价值关系日益瓦解，人们普遍失去稳定的长期预期，由此发生价值方向的困惑❷。当前的环境下，竞技体育在面对由自身的内部结构所包含的非理性、非逻辑因素导致的异化（内源性异化），同时又要面对与所存在的社会文化环境的相互作用过程中产生的异化（外生性异化）❸，在这种竞技体育被异化的影响下，主体被忽视，进而导致参与竞技体育的主客体之间以及自身内部的关系不协调、不和谐，其"需要—满足"结构发生了较大的改变，形成了结构性的矛盾，并且出现不同的价值理念和价值选择，由此必然会发生价值取向上的迷失。

（二）职业道德价值观异化的原因

对运动员职业道德价值观异化原因的分析可以发现运动员被害诱发性就是在其职业道德价值观异化的过程中被培养形成的。

1. 内部原因——功利主义的侵蚀与蔓延

随着我国经济体制改革的深入，作为社会文化一部分的竞技体育领域也

---

❶ 凡奇. 非功利的追求与功利的实现［J］. 辽宁大学学报（哲学社会科学版），2002，30（5）：14–17.

❷ 阮纪正. 拳以合道：太极拳的道家文化探究［M］. 上海：上海人民出版社，2009.

❸ 于文谦. 竞技体育学［M］. 北京：人民体育出版社，2010.

出现了伦理价值的迷失，"效益至上""金钱至上"等功利化思想蔓延❶。我们不能完全否认"功利"在社会发展中的独特作用，但膨胀畸形的功利追求却是"魔鬼"。它泯灭了人们的道德与良知，扭曲人的灵魂与人性。功利化的畸形发展改变了人们的价值追求和价值观念，人的欲望被无限制地刺激而急剧膨胀，人成为金钱、名利、地位等物欲的奴仆。自我实现满足的方式出现失衡，其衡量标准也更加趋于直观化和世俗化，进而造成一些人道德的迷失。"效益至上""金钱至上"这种畸变的功利化价值观反映在竞技体育领域便是"拜金主义""金牌主义"❷的大量出现，进而直接诱发了竞技体育领域的伦理失范和道德迷失。

拜金主义和个人主义是造成竞技体育职业道德价值失落的内部"诱因"❸。拜金主义认为金钱可以主宰一切把追求金钱作为人生至高目的的价值观。一些人价值观出现偏差，用拜金主义来指导生活实践，并由此来确立人生目的，其危害显而易见："神圣"的金钱成为人的存在和全部实践活动的目的人与人之间除了赤裸裸的金钱交易，再没有其他的关系。个人主义是一切从个人出发把个人利益放在集体利益之上的人生价值观主张个人本身就是目的，具有最高价值，社会和他人只是达到个人目的的手段。个人主义作为资产阶级的人生价值观与社会主义的为人民服务的人生观是根本对立的。它突出强调以个人为中心，否认社会和他人的价值，甚至不惜采用损人利己的方式来追求自己的人生目标。因此，拜金主义和个人主义是引发竞技体育比赛中一些人权钱交易、行贿受贿乃至运动员服用兴奋剂、裁判不公、教练失职等有悖伦理道德现象的重要思想根源。

2.外部原因——竞技足球的商业化和职业化

商业化是指商业机构以竞技体育运动为媒介，追求商业利益的最大化；职业化则可以帮助竞技运动主体的运动员追求运动成绩的最优化。对商业机

---

❶ 张新，夏思永.构建和谐社会下的中国现代竞技体育伦理思想［J］.体育文化导刊，2006（9）.

❷ 陈淑奇，龚正伟.竞技体育异化与运动员权益保障问题之伦理审视［J］.体育学刊，2009（1）.

❸ 刘玲灵，王伟达.竞技体育伦理重构及其价值回归问题研究［J］.沈阳体育学院学报，2013，32（4）：136.

构来说，竞技运动只是商业运作的一种手段、一种媒介。而对于职业运动员来说，竞技运动则是他们实现人生价值的舞台，运动成绩越好，他们的价值就越大；而成绩越好，竞技比赛的观赏性就越强，就越能为商业机构带来更大的商业效应，从而获得更多的商业利益❶。这样商业化和职业化使利益成为所有体育活动参与者的各种人群——运动员、裁判、运动会的主办者以及运动会的赞助者考虑的最主要因素。对运动员来说，胜利可以直接带来大量的物质奖励。而至于他们是否以公平道德的方式取得成绩则不被列入奖赏的范围。因此，对于职业运动员来说，最重要的东西就是以一切方式夺取胜利。奖牌所象征的荣誉已被金钱所侵蚀。昔日为争荣誉而赛的现象，如今变成了为金钱而比赛的体育异化现象，商业化导致的拜金主义使得运动员道德失范的现象达到了相当严重的程度。顾拜旦曾经说过：从运动员拜倒在贪图虚荣或追逐名利的那一刻起，他的理想被腐蚀了，运动教育的价值，不可挽回地被贬低了。❷当赚钱成为比赛的终极目标，当经济动力成为刺激运动员参赛的唯一动力之后，奥林匹克那种毫无功利的高尚的体育精神不仅荡然无存，而且严重扰乱了体育运动的健康可持续发展。

本研究认为，运动员职业道德价值观异化是一个缓慢长期的过程，在这个过程中，运动员自身对竞技足球犯罪的无意识状态也得以养成，正是这种具有诱发性的氛围促使竞技足球犯罪人实施了犯罪行为，进而使运动员成为这类犯罪的被害人。

三、被害受容性——运动员异化的功利主义价值观

被害的受容性有的学者认为是指被害人心理和气质上对于自身被害角色的认同和容忍。有的学者认为是指一个人具有易受侵害的性格。张建荣认为被害的受容性是指被害人对自身被害角色予以潜意识的认同和容忍或者放任被害隐患而不加控制的特性❸。异化的功利主义的价值观使运动员认为凡是对

❶　黄传兵.商业化职业化影响下现代奥林匹克运动发展的应对［J］.南京体育学院学报：社会科学版，2006（2）.

❷　余蓉晖，等.职业化、商业化、政治化对奥林匹克道德失范现象的影响［J］.山东体育学院学报，2008（1）.

❸　张建荣.刍议犯罪被害人的被害性［J］.2006（1）：97.

自己有利的事情不管对错都可以去做，这就会导致运动员被害人对自己被害角色的认同和容忍，因为他们可能并不一定认为竞技足球犯罪就不好，潜意识里认为只要能够让自己获得利益，说不定哪天自己也会实施加害行为。

（一）异化的功利主义价值观

功利主义是指人们一切行为的准则取决于是增进自身的幸福抑或减少自身幸福的倾向。各个人在原则上是他自身幸福的最好判断者。价值观是基于人的一定的思维感官之上而做出的认知、理解、判断或抉择，也就是人认定事物、辩定是非的一种思维或取向，从而体现出人、事、物一定的价值或作用。运动员功利主义价值观是指运动员对于自身参加的竞技体育运动在增进抑或减少自身幸福方面合理的看法、观点和态度。而运动员变异的功利主义价值观是指运动员对于自身参加的竞技体育运动在增进抑或减少自身幸福的歪曲的看法、观点和态度。

功利性价值观念是人类有关功利性需求的基本观念，是作为实践主体的人，在物质需求的推动下，从事具有功利性意义的活动中形成和产生的。功利性行为是伴随着人类社会的产生而产生，随着人类社会的发展而发展的，市场经济的出现，使功利性行为得到了充分的发展。竞技体育随着经济社会的发展需要与之相适应的价值观念，以此来引导推动它的持续健康发展。因此，现代竞技体育功利价值观念的出现和存在就成为一种很自然的现象。但随着市场经济与商业因素向竞技体育领域的不断渗透，现代竞技体育功利性持续膨胀与异化，对追求公平公正的崇高体育精神造成强烈冲击，造成了功利主义价值观的异化。

1. 以物为本的价值观

现代竞技体育受舆论和媒体关注的影响，运动员的胜负和荣辱意识比较强烈，"胜者王，败者寇"的思想观念日渐固化，没有获得冠军的运动员羡慕冠军的社会荣誉和媒体吹捧，也强化了夺取优胜的心理。这种强调胜负并演化至极的追求，把人由发展体育的中心推至边缘，沦落为创造奇迹的工具。经济因素支配非经济因素，盈利的考虑压倒了人们参与体育活动的初衷，这就形成了"以物为本"的价值关系，这种以物为中心的发展忘掉了人，体育精神的发展在不知不觉中被摒弃。竞技体育在公平竞争的基础上才有意义，各国运动员才能保持和加强团结、友谊的关系，才能真正地实现它的神圣目标，但在这种只许胜不许败的强大舆论的压力下，在单纯推崇物质利益的驱使下，运动员只能加倍努力，当自身条件难以满足获胜的需要时，使用其他的非法手段就成为他们的选择之一，从而使竞技体育中人的主体地位慢慢被淡化，人成为金牌的附属物，运动员成为创造成绩和利益的工具。当人们的一切社会活动都以物质利益作为最终目的，巨大的金钱和荣誉打败了参与竞技足球的纯洁本质，对于自身是否成为被害人已经不再是人们考虑的重点，于是这种对于犯罪的无意识的状态就导致了运动员对于自身被害人身份的认同和容忍。

2."公平竞争"精神的异化

"公平竞争"是竞技体育的魅力之一，竞技体育的美感和它所具有的吸引力都离不开"公平竞争"这个大的前提。运动员在当代竞技体育赛事中所取得的成绩越发达到人体能达到的极限成绩，是以我们要付出更多的代价才能落实竞技体育公平竞争的宗旨。明星运动员和默默无闻的运动员之间巨大的物质反差和社会声望反差导致运动员产生投机心理，在不断膨胀的贪欲鼓动下，运动员变成一台不停工作没有休息的机器人。由于利益来自于竞技体育比赛的胜利为前提，导致掩藏在比赛下的非法交易屡禁不止，运动员踢"假球"的行为扰乱了竞技足球赛事的秩序和好不容易建立起来的道德价值观，是对广大球迷的欺瞒和戏耍，竞技足球比赛本身的热度和亲民度已经越来越低。比赛双方时常会出现在赛场上仇视、对骂、打群架和辱骂、殴打裁判的事情；体育流氓和严阵以待的警察对峙。钱财与美色的诱惑使裁判迷失了道德，吹起了"黑哨"，它使竞技足球赛事所要求的公正、平等的比赛精神荡然无存，使参赛者渴望的机会平等和公平竞争的比赛不复存在，使成绩的利益建立在欺骗的基础上，异化了奥林匹克的初衷和奥林匹克运动的宗旨。对竞技体育"公平竞争"精神践踏的深层次原因主要是各种利益的驱使，在利益面前，竞技足球的价值主体变得异常脆弱，一些人的价值观念出现了偏离，于是出现了有悖于竞技体育"公平竞争"精神的行为。

3.竞技体育精神价值失落

伴随着对金牌及附属物质的不断升温，竞技的过程变成了一种为追求胜利不择手段的过程。这完全违背了竞技体育的最终目标。这种全社会都大肆宣传物欲追求的氛围、只看重物质不看重运动员的眼光，已经与最初创立竞技体育的人的期望背道而驰，运动员成为这种畸形追求的牺牲品。《奥林匹克宪章》明确指出：奥林匹克主义的宗旨是使体育运动为人的和谐发展服务，以促进建立维护人的尊严的、和平的社会。奥林匹克主义精神追求的是把体育与教育的结合，营造出一种越努力越幸福，越努力越快乐的氛围、让运动员起到榜样的作用并努力让大家过上以基本公德为基础的生活。但是，体育想要带给大家的教育价值能否能够真正落于实处也是不确定的，球场打群架、注射毒品、肮脏的幕后交易、种族歧视、局部战争，导致体育的教育价值改变了体育诞生之初的灵肉一致、身心两健的目的，转而将目光投向了对人体生物功能的开发，而忽略了体育竞赛在其他领域的重要作用，导致教育价值的灵魂与肉体的分离，忽视了人们精神与外形的匹配，使得体育事业的发展产生了差异化表征。

在这个"以物为本"的社会，利益就是人们的最大诱惑，在现代竞技体育运动的影响下，人们过分追求名利。运动技术的高、惊、尖、险成了运动员的价值取向，而不择手段地利用竞技赛场获取利益或过分追星效应则成了观众们的价值取向，球场暴力、非法赌球等事件频频发生，屡禁不止。这些都是和发展竞技体育的精神价值取向背道而驰的，竞技体育精神价值失落的本质是竞技体育的价值主体在价值追求上出现了问题，异化的功利性价值追求占据了主导地位。在这种情况下，竞技体育的各种规则，以及道德的约束显得是苍白无力，一些人为了达到追求经济利益不择手段，肆意践踏竞技体育的各种竞赛规则。

（二）功利价值观异化的社会成因

社会上会产生这么多体育犯罪事件，表明了运动员在不择手段的追寻"功"和"利"，是扭曲的功绩观与纯粹追求利益观的混合表现，是运动员内心功利主义泛滥的表征。很多运动员非常渴望更优渥的奖励、更好的社会形象、高层领导的认识、恨不得每天的媒体曝光度，丰厚的商业广告及退役安置更好的单位，而服用兴奋剂能够实现他们的愿望；对于官员来说，运动员取得好成绩，有了成绩官员的政绩才高，才能在单位选拔领导时有了高升的可能；对于商业俱乐部起来说，不择手段的获取集团利益是最终目的，而通过假球黑哨等手段来获得商业利益比起辛辛苦苦的培养不一定能拿到冠军的球队来说是一个相当快捷的途径。所以，当下足球贿赂犯罪、年龄门事件、兴奋剂事件等竞技足球领域的犯罪频发就是理所当然的了。

1. 竞技足球的市场化

竞技足球领域功利价值泛化的原因之一是因为随着市场经济社会的不断发展，占主导地位的功利价值意识、价值观念深层次地反映了竞技足球价值主体的需求特征。在由计划经济走向市场经济的路上，伴随着由厌利性价值取向向功利性价值取向的转变，功利性价值取向的过分追求将会导致运动员和其他赛事参与人员基本道德的丧失，进而促使膨胀的极端利己主义，功利性价值取向的过度强盛对竞技足球价值观造成不良影响。经济的无序是竞技足球道德失范的根源，市场经济是以经济主体的利益独立化和各自利益的分离以及通过市场竞争来实现自身利益的。利他行为的动机其本质是自身利益的丧失而不是自身利益的实现，市场经济中人的一切经济行为的最终目的和根本驱动力是发展个人利益，以个人功利本位为主。市场经济的各种行为已经渗透进现代社会的各个层面（其中也包括了竞技体育），它的内在规律也在一定程度上影响着竞技足球的发展。当市场经济的价值规律作用于竞技足球这个特殊的领域时，其价值主体就会表现出不同程度的功利性需要，于是在竞技足球中就会出现道德失范的行为。

2. 竞技足球利益补偿机制不完善

竞技足球的价值主体在从事竞技足球的活动过程中，由于利益的补偿不足而造成负面的效应。在当今的竞技足球活动中，由于竞技水平的不断提高，运动员必须具备较高的竞技水平才可能在体育竞技中获胜。为了提高运动员的竞技水平，围绕运动员进行的各种训练、科研活动增加，大大提高了运动员的培养成本。由于竞技足球本身的特点决定了获胜的只有一方，而输的一方的利益补偿较获胜一方就会略显或明显不足。现代的高水平竞技足球已不再是简单的运动员与运动员之间的较量，更多的是体现团队与团队之间的较量，运动员只是一个团队的代表，他的培养是一个系统工程，运动员培养过程中大量人力、物力、财力的投入只有运动员在比赛中获胜才能获取相应多的回报，这种回报是给予竞技足球价值主体利益补偿的一种形式，而这种补偿显得严重不足，尤其是在竞技足球中输的一方，利益补偿很难满足价值主体的实际需要，在这种情况下就会产生一些负面影响。

3. 竞技足球的职业化

促使职业化产生的原因是越来越市场化的竞技足球。竞技足球受社会经济环境和运动项目自身特点及发展程度的影响，它主要靠自身经营而生存和发展。因为改革开放的成功人们的腰包鼓了起来，我国人民不再只追求吃饱饭还要求精神上的满足感，于是竞技足球市场就火了起来。个人、企业、社会团体看到了商机，追随着利益的脚步大胆投资于体育事业，竞技足球的经济功能逐渐体现出来。竞技足球的职业化使比赛的精彩程度大大提高，职业运动员通过提供高水平的竞技足球赛事，在满足人们观赏需要的同时获得了经济收入，竞技足球在市场经济条件下演变为一种商品，其价值在体育赛事的商业化运作过程中被体现出来。竞技足球赛事成了职业运动员的养家糊口的途径，运动员只有投入全部的精力进行最严格的专业训练才有获得胜利的可能，并且也只有获得胜利的运动员，他们的付出才能够得到回报。

本研究认为，运动员功利主义价值观异化是一个长期发展的过程，在这个过程中，运动员对自身作为竞技足球犯罪被害人角色的容忍氛围也得以形成，正是这种具有容忍性的氛围促使竞技足球犯罪人实施了犯罪行为，进而使运动员成为这类犯罪的被害人。

第三节　足球运动员自身的被害预防

足球运动员自身的被害预防，是指从足球运动员自身被害性角度入手，通过分析足球运动员自身因素和环境被害因素，采取各种措施和手段减少足球运动员的易于被害性，积极防止初次被害和重复被害的一种犯罪预防活动。

其中包括克服被害人自身易感性、诱发性和受容性三种方法和路径。

一、克服被害易感性——提高运动员自身的法律意识

克服运动员的被害易感性，指的是足球运动员用自己的力量采取措施和手段减少自身带有的被害易感性，最终达到预防竞技足球犯罪被害目的的一种方法和路径。运动员只有提高自身的法律意识，在自己的合法权利受到侵害时懂得拿起法律武器保护自己的合法权益，克服自己的消极面才能阻止犯罪人的加害行为，使自己免于沦为竞技足球犯罪的被害人。

（一）开展多种形式的普法教育

首先，要在全体足球运动员中进行普法教育，要选择好宣传教育的手段，充分运用运动员接受信息的各种渠道来传播法制信息和法律知识[1]。在形式上要避免照本念书、说教的方式，要寓教于乐，寓教于文学艺术欣赏。选择好普法教育的内容。要从普及运动员的权利和义务入手，在学法、知法的基础上，自觉守法护法。法治教育不能脱离实际，要针对运动员训练任务重、时间紧、文化水平不高等特点，从实际出发，采用多种形式进行教育。注重实效性和趣味性，把法治教育和法治实践结合起来，广泛开展法治教育活动。同时，要转变观念，把对法、法律和法治的信念融入运动员的日常生活和行为中去。对运动员生活变化环节点的教育，如新运动员入队时的教育、重大节假日的教育、运动员退役时的教育等必须引起足够的重视。

（二）加强立法和职业足球法规建设

以构建具有中国特色的职业足球法规体系与配套政策为目标，加强足球法规建设，要从全局出发，有步骤、有计划、有重点、有预见性地开展法规建设工作。根据足球改革的需要，优先加强特别急需的法规建设，如关于俱乐部与协会关系的法规、打击赛场不正之风的法规、有关运动员转会的法规等，做到有法可依。同时，以国家法律法规为依据，从宏观上、总体上加以

---

[1] 沈建华，等.我国职业足球运动员法律意识研究［J］.体育科学，2005，25（5）：13.

把握，不断提高法规质量，为运动员法律意识的培养和提高创造良好的法律氛围和法治环境。

（三）强化公正司法和有效监督

要增强法律意识，在足球改革中，必须加大执法力度，改善执法环境，做到违法必究，执法必严，不断提高执法者和被执法者的素质。同时，成立专门的足球竞赛执法和监察机构，严密监督和打击足球改革中的违法犯罪行为，使运动员体会到法律在足球改革中的重要作用，增强对法律的信任感，调动运动员学法、用法、守法的积极性❶。

（四）树立法律至上的观念

根据中国足球协会的有关规定，每个职业足球俱乐部都应建立中国共产党的基层组织。管理部门要充分发挥基层组织的重要作用，健全内部各项规章制度，齐抓共管，从严治队。不能因为是主力运动员、明星运动员就放松管理。加强领导，采取各种措施，努力提高运动员的素质。同时，管理部门也要不断提高法律意识，树立法律至上的观念，增强依法办事的能力，充分发挥管理部门的示范作用。

二、克服被害诱发性——培养良好的职业道德价值观

克服运动员的被害诱发性，指的是足球运动员用自己的力量采取措施和手段减少自身带有的被害诱发性，最终达到预防竞技足球犯罪被害目的的一种方法和路径。运动员良好的职业道德价值观是指运动员对与其所从事的竞技足球活动紧密联系，并符合职业特点要求的道德准则、情操、品质的积极的看法、观点和态度。良好的职业道德观能够克服运动员对于竞技足球犯罪的诱发性特征，避免在竞技足球运动中形成诱惑犯罪人实施犯罪行为的温床，同时也能够避免运动员成为竞技足球犯罪的被害人。

职业价值观是人生价值的一个重要方面，是本人对社会和职业的观点和

---

❶ 沈建华，等.我国职业足球运动员法律意识研究［J］.体育科学，2005，25（5）：13.

看，它极大体现了职业领域的人生价值。职业价值观在心理学中隶属于个性的范畴，是价值观的重要构成部分，其核心是职业需要，并通过职业评价、职业动机、职业愿望、职业态度、职业理想等形式表现出来❶。

（一）培养良好的竞争意识和公平意识

竞争是现代体育精神的重要组成部分。现代奥林匹克运动的口号"更快、更高、更强"就是竞争的集中体现。竞技是体育比赛的最重要特点。在一场体育赛事中，场内场外、点点滴滴都透露着竞技精神，不仅有自己是自己的对手，比如当累得不行的时候是继续下去还是放弃；不同的人之间也有竞争，不同的团队之间也有竞争等。然而，这里所说的自由竞争是有秩序的，有纪律的竞争。要求每个运动员在公平的基础上为自己的权利和机会打一场公平的比赛，我们一定要注意良好的体育精神。在体育比赛中，每个人都想赢，但赢应该依靠自己的能力和努力，而不是通过任何伤害自己和他人来实现，即竞争必须公平。公平竞争的体育生活，在一定意义上也可以说：无公平，无比赛。"物竞天择，适者生存。"现代体育竞技采取最直接的方式，呼吁人们原有的动能，激发人体机能，这引发了热情的竞争，充分调动和发挥人的创造潜能，摆脱慵懒，充满激情，追求成功。

体育运动过程是一个"随风潜入夜，润物细无声"的教育过程，是在公平原则为前提结合的竞争、合作和协调。如果不能在这个特定的环境中生存，它会被消除。学会既合作又竞争，该合作时合作，该竞争时竞争，这是运动员能否适应体育赛事的基础之一。也告诉了我们一个现代化的体育经验和规则。科学技术在现代体育活动中的广泛使用帮助运动员提高了运动成绩，实现了更有难度的动作系数，也更加科学权威的判定运动员是否作弊，为公平竞争和公正裁决奠定了基础。随着体育运动的改善和发展的竞争力水平，体育赛事的不可预测的气氛，为了培养人们去适应竞争提供了一个社会模拟训练竞争环境，帮助人们塑造竞争的公平意识和忧患意识。在世界上的国与国，局部地区之间，私人之间的竞争越发激烈、积极追求进步、勇攀高峰的意识

---

❶ 黄希庭，等.当代中国青年价值观与教育［M］.成都：四川教育出版社，1994.

将是现代人参与激烈的社会竞争必不可少的条件。在机会均等的条件下遵守游戏规则，通过体育活动的公平竞争来培养人们在各种社会活动中积极进取的公平意识和竞争意识，是现代体育的重要功能之一。

（二）培养诚实守信的职业道德观念

体育比赛以统一的要求来约束所有人的行为是其持久生命力和无敌魅力所在，体育比赛与一般体育活动不同，一般体育活动以追求身心健康为根本目的，而竞技体育是在平等竞争条件下，与会各方充分发挥自己的身体，技术，战术，心理素质等方面的优势，尽全力争取胜利。因此，打败对手、争取在本次活动的总冠军就成为一个最重要的目标，再加上各种大型体育赛事组委会目前已拥有丰厚的奖金和各种物质利益，为了获得冠军，运动员坚守道德这一阵地，还是放弃道德加入不诚信的阵营。科学和技术的商业化广泛应用在现代体育运动，一方面，促进体育事业的发展，以提高运动员的竞技水平，在另一方面也可用于某些人的罪恶。近年来，各种大型体育比赛时的兴奋剂丑闻和贿赂裁判和其他球员性丑闻给现代体育的健康发展蒙上了一层阴影，这使得现代诚实的体育精神面临深刻危机和严峻的挑战。为了避免竞技体育误入歧途，国际奥委会出台了许多有力举措，对违反各种体育道德的行为实行严厉打击和惩治，这无疑是一个有力保障。

新的体育道德的生长不可能被竞技体育的竞争性自发地促成，但是人们形成诚实守信的道德品质却可以在体育竞赛的公开、公平、公正原则中孕育，新的体育道德的培养也将得益于此。体育庄严、神圣的魅力在体育竞赛中，在人们自觉地承认和接受各种规则的约束的过程中，在人们自觉鄙视和厌恶投机耍赖取胜者的过程中得以最大限度地体现。这样一种观念逐渐渗入人们的意识，就形成了行为由规则来约束，公开、公正、公平地竞争，严于律己、遵章守纪的道德意识，并且已将这种意识落实到人们的行动之中。以讲诚信为荣，以不讲诚信为耻，在社会生活中，即使面对强有力的竞争对手或困难时，在胜利与荣誉到来时，在遭受挫折与失败时，在受到嘲笑与不公正对待时，人们都能冷静、容忍和理智，坚守诚信这个"道德阵地"。体育活动以其生动而朴实的方式教会人们识别真与假、善与恶、美与丑，引导人们追求真、善、美，唾弃假、恶、丑。现代体育呼唤真善美。事实证明，无论什么活动中，只有诚实守信才是真的、善的和美的。人们只有把诚信作为完善人格来追求和体验，把诚信看成是人类精神世界的基础，才能从根本上摆正人与物、人与人之间的关系，提升道德人格。

（三）培养勇敢、无畏的道德品质

人们经常参加一些有针对性的体育活动，能充分施展才华，发挥自己的技能，而且还能锻炼自己的胆量，不再胆怯和害怕失败，这是因为一些体育活动能够帮助人们提高胆量和勇气，而胆量和勇气正是人生的两种非常重要的品格。体育的本质特征无疑有助于形成高尚的品质，并且帮助人们开发出的拼搏精神。奋斗——挫折——成功——再挫折——再崛起这一过程生动而形象地勾勒出一个胜利者勇敢，始终战斗的人生轨迹。成功和获胜只能存在一时，而苦难和困惑是伴随你一生的。搞体育活动中会遇到各种各样的困难和挫折，那些获奖者之所以能够成功，只是因为他们曾经付出了泪水和汗水，并且有一个不怕困难，坚韧不拔，勇于追求的顽强的意志力，能够为他们的成功提供有价值的能量保证成功。为了适应现代社会对体育活动的多样化需求，现代体育本身也在不断扩大自己的领域，项目的活动日益增多。特别是一些惊险，刺激的项目，这些项目对培养参与人勇敢、无畏的道德品质有特殊效果，如攀岩、蹦极、游泳、滑冰、滑雪、拳击、摔跤、单双杠、跳马、平衡木等体育运动。这些运动培养人的勇气和现代意识，体现在他们打破了传统观念的束缚，不断尝试用新的方法来解决问题；不畏压力，不怕权威，敢于挑战，同时，这些运动也打破了传统的文化观念的束缚。这有利于增强人们的信心，使他们追求成功，获得发展，勇敢坚强，无畏的道德品质的形成。

三、克服被害受容性——培养运动员良好的功利价值观

克服运动员的被害受容性，指的是运动员用自己的力量采取措施和手段减少自身带有的被害受容性，最终达到预防竞技足球犯罪被害目的的一种方法和路径。运动员良好的功利价值观是指运动员对于自身参加的竞技体育运

动在增进抑或减少自身幸福方面的积极的看法、观点和态度。良好的功利价值观在运动员群体中能够形成一种"君子爱财，取之有道"的良好竞争氛围，使他们敢于对任何违法犯罪行为进行抵制和抗拒，不再认同和容忍自己成为被害人的事实，当自己合法权利受到侵害也不再保持沉默，勇于拿起法律武器维护自己的合法权利，避免自己反复成为竞技足球犯罪的被害人。

（一）培养与道德协调发展的功利价值观

道德的基础之一是利益，它能够确认和规范道德体系，从而使得道德原则和规范作为利益关系的价值反映和要求体现对某种利益的促进。道德本源的利益决定性使得道德天然具有服务其本源利益的功能。竞技体育中道德操守不完全排斥功利追求，竞技体育是竞技运动个体相互作用的产物，只有满足各种需要个体才能存在和发展，个体利益的存在因此是客观和必要的。道德美与功利观协调融合的路径有：首先，反对体育竞技中的非道德化倾向。竞技体育发展过程中的道德操守是竞技体育可持续发展的保障，一切非道德的行为及其泛滥都将影响和阻碍竞技体育的健康发展，有效遏止非道德化倾向的体育竞技行为是竞技体育健康发展的保障。其次，力求形式上的非功利化。竞技体育是具有功利性的，这一点毋庸置疑，但在竞技体育发展的最终目的是求善的这一点上美与道德是相通的。竞技体育的价值主体在参与运动过程中不单独考虑个人功利，全身心投入竞技体育的发展，竞技体育的功利性就能被淡化，并在道德教育的感染下把功利目的巧妙隐蔽起来。只有把道德内容的功利性与审美形式的非功利性和谐地统一起来，把德育与美育有机地结合起来，才能有效淡化竞技体育发展过程中的功利化倾向，使道德美与功利观协调发展，共同促进竞技体育的健康快速发展❶。

（二）培养与精神价值统一的功利价值观

从人的本性需求而言，功利性价值观念与伦理道德价值观念具有内在统一性。竞技体育的价值主体在竞技体育发展过程中既有物质性需求也有精神

---

❶ 王淑芹. 论道德的超功利与功利［J］. 首都师范大学学报（哲学社会科学版），1997（2）：111-116.

性需求，二者相辅相成，并有其各自特殊的内涵。竞技体育价值主体在追求物质需求的同时又时常表现为精神需求，相反在精神追求的同时也会表现出物质需求。竞技体育本身是一项以物质生活为基础的精神活动，在竞技体育实践的过程中很自然地蕴涵了这两类价值。精神价值是一种普遍性的价值，它体现人类的社会性、共同性，而功利价值则是一种狭隘的利益体现，不具有普遍性。如果是特殊主体的功利价值，它可作为普遍的人类个体的主体的价值追求，而不是对其他实践主体，以及社会共同体的价值的损害，并且这种特殊主体的功利价值追求同时又增进了社会共同体的利益，那么功利价值和精神价值是可以统一的。功利价值又与伦理精神价值有分离的可能，但就精神价值而言，一定蕴涵了功利价值的要求。竞技体育价值主体的功利价值与精神价值是一个事物的两个不同层面，二者的本质都是体现价值，都服务于竞技体育，当功利价值在道德的约束下趋于合理时，它的作用体现为对竞技体育的促进，同时与精神价值具有统一性；反之，则影响竞技体育的健康发展。竞技体育功利价值观念的现代化就是要提倡在道德约束下的合理的功利性需要，在与精神价值保持统一性的情况下追求功利的利益❶。

（三）确立合理的功利性价值追求目标

功利性行为合理化是竞技体育可持续发展的前提，竞技体育发展不排斥合理的功利性价值追求，但排斥非道德的功利性价值追求，一切合理的功利性价值追求对竞技体育的健康发展都应该是有利的，对调动竞技体育价值主体的积极性和主动性也是有利的，反之，不道德的功利性价值追求将会打乱我国体育事业的进步部署，从而影响和制约竞技体育的发展。合理的功利性价值追求，是一种理性的价值取向，是功利价值观念现代化的有力体现❷。它不以追求利益最大化为根本目的，不以道德的沦丧为代价，从长远的、可持续发展的角度来选择合理的价值取舍，其最终目的是促进竞技体育的健康发展。

---

❶　卢元镇.体育社会学［M］.北京：高等教育出版社，2001：96.
❷　李龙，苏睿.现代竞技体育功利价值观泛化的社会成因及其矫正［J］.武汉体育学院学报，2008，42（11）：32.

第七章 足球球迷

第一节 足球球迷的被害概况

一、足球球迷概说

（一）足球球迷的概念

对于球迷的研究，我国著名的体育社会学专家卢元镇教授曾指出：球迷不同于体育观众或体育爱好者，他们更加倾向于具有对抗性、竞争性、娱乐性、情节性特点的球类比赛，西方国家体育观众主要观看足球、橄榄球、棒球、篮球、网球、冰球，而我国观众主要集中在足球、篮球、排球、乒乓球、羽毛球等项目，因此，人们习惯上将体育爱好者称作球迷[1]。宋凯认为球迷是一种社会现象，足球运动功能与球迷需求契合，形成共同价值取向，是促进球迷狂热和球迷现象的本质原因[2]。

（二）足球球迷的分类

各类有关球迷的文献，因为研究角度不同，所以对球迷的分类也不尽相同。从需要和运动的不同，将球迷分为5大类[3]：①求知型，由于竞赛具有不肯定性，对比赛结果的预测可满足其求知欲，大多数观众都具有此类特点。②审美型，这类球迷把体育比赛作为艺术品来欣赏，比赛时不大注意比分，

---

[1] 王则册.球迷手册［M］. 北京：北京体育学院出版社，1990.

[2] 王宏波，等.哲学教程［M］. 西安：西安交通大学出版社，2002.

[3] 宋凯，等.国内外球迷现象研究［J］. 北京体育大学学报，1997，20（4）：6.

吸引他们的是运动员熟练、优美、准确、惊险的技术动作，以及协调、力度、节奏、对比等审美因素。③娱乐型，这类球迷看比赛是为了娱乐、消遣、打发闲暇时间，无特定追求。④求同型，这类球迷有一种追求社会归属和被认同的心理。⑤发泄型，这些球迷特别迷恋比赛场地气氛，热衷于追求激烈竞争所带来的强烈刺激。

英国心理学家 B.J. 克列季按观众和体育场的"距离"将球迷分为三种❶：第一种，由于他们对比赛十分感兴趣而亲身到现场观看比赛，被称为"第一线助威者"；第二种，由于兴趣有限而经常通过电视和广播获知比赛消息，而很少直接到赛场，被称为"第二线助威者"；第三种，通过与别人谈论体育赛事，或从报刊上获知比赛信息，被称为"第三线助威者"。本研究倾向于此种分类，并认为目前我国的大多数球迷明显处在第二线助威者的范畴，他们亲自走进赛场观看比赛的机会并不是特别的多，这可能跟我国球迷文化不浓厚有一定关系，也可能与我国足球赛事的组织与管理有一定的关系。总之，很多球迷更喜欢在家里观看电视录像和观看各种网站关于体育比赛的解说与总结。

（三）球迷群体的结构和行为特征

零点指标网曾经委托零点公司对球迷群体进行了调查❷，我们可以就此分析球迷群体的构成和行为特征。

1. 球迷群体的构成

从群体构成特征来看，体现出大规模、年轻化、高学历和伙伴交互性影响等特点。调查结果显示，各年龄段的球迷比例均在 35% 左右，其中 16~20 岁年龄段达到 38.1%。虽然这次调查证明，25~35 岁的成人群体仍然是稳定的球迷骨干，但年轻球迷（特别是未成年人）已不再是一个少数群体。随着信息交互性的增强和少年人早熟的趋势，年轻群体较以前能更早地形成自然意识和独立作用。数据表明，16~20 岁年龄段的球迷中，七成有 3 年以上球迷年限，其中两成半的人甚至拥有 5~10 年的球龄。这充分表明，中国的球迷群

---

❶　B.J. 克列季. 运动员和助威者［J］. 体育译文, 1985（6）：58.

❷　王宜馨. 从球迷文化解读其群体特征和价值观念［J］. 科技信息, 2007（29）：543.

体正在迅速年轻化。当然年轻球迷加入需要引导：他们有自己的想法、也比较冲动，如果引导得力，许多有意义有创意能激发活力的举措将在他们身上付诸实践，但如果引导不利，他们将成为球场内外最不安定的因素。数据显示的另一个变化是球迷文化程度的提高。在此次调查中，有四成球迷拥有大学或大学以上学历，在20岁以上的成人球迷中这一比例更高达六成。这一方面得益于高等教育的普及；另一方面也表明，中国的知识分子正在加入球迷这一行列。球迷素质的提高对于营造良好的文化氛围是有利的，也让球市日益火爆而球迷能保持冷静、节制的希望便成为可能。

2. 球迷群体的行为特征

我们根据对球迷行为的认可程度和投入程度划分为五类群体。第一类人虽然欣赏这类运动但只是偶尔关心与该项运动相关的消息，我们把他们称作"边缘球迷"。第二类人会看球类的新闻报道，也会看一些比赛，但并不介入其他球迷行动，我们称之为"初级球迷"。第三类人热爱球类某项运动，会积极地观看比赛，但他们并不狂热，对待它更多地显现出休闲状态。他们追求品位，会去球吧看球很前卫，会上网聊球或在线观看比赛，并关注国际俱乐部的赛事，体验这种生活的乐趣。我们称之为"中级球迷"。第四类人则体现出一种狂热，他们会在比赛前后上街游行，会在身上涂上彩绘以示对球队的支持，会不顾路途遥远奔赴客场为自己钟情的球队加油，他们是名副其实的"高级球迷"。第五类人我们称作"超级球迷"，他们已经不满足个人情感的宣泄，而加入了团队活动，近距离接触自己心目中的球星。从群众文化的角度来看，后三类人的特征都很鲜明。"中级球迷"营造出的是轻松、时尚的"小资"文化。他们更放眼球类运动本身。"高级球迷"上演的是热情执着的"铁杆文化"，他们更关注自己喜爱的球队。"超级球迷"呈现的则是时髦的"追星"文化，他们更钟情于自己喜爱的球员或球星。同时，中级和高级球迷数量最多，我们对这两类群体应给予特别关注。

二、球迷的权利——观看真实性纯洁性比赛的权利

犯罪行为侵害的是被害人的合法权益，因此，准确把握好合法权益是全

面认识犯罪被害人的关键之一❶。也就是说，作为犯罪被害人，首先必须享有既定的合法权益或权力，否则在客观上就不能受到侵害。作为参与竞技足球运动不可或缺的主体，球迷在参与竞技足球活动过程中享有的权利是多方面的。但是为了不至于让讨论的范围过于宽泛，本研究将重点讨论球迷受到竞技足球犯罪行为侵害的观看真实性和纯洁性比赛的权利。

足球球迷观看真实性纯洁性比赛的权利是指观众球迷在观看竞技足球比赛中享有的由经济法律法规确认和保障的通过观看真实性纯洁性足球比赛以获得身心愉悦为追求的行为自由。目前，无论是法学界还是体育界都没有针对观众在体育赛事消费领域应该享有哪些权利做出系统的规定。然而，以《中华人民共和国体育法》《群众性文化体育活动治安管理办法》等为代表的，直接规定公民所能享受体育赛事服务权利的法律法规，以及根据《宪法》《合同法》《中华人民共和国消费者权益保护法》（以下简称《消法》）等为代表的能够间接地推定为在体育赛事消费领域公民应享权益的法律法规，为进一步研究体育观众权益提供了法律基础，其中最有启示性的当属是《消法》。

体育本身是将体育比赛作为一种服务提供给观众，因此，服务质量是观众为实现现场观看体育比赛这一目的而对一系列服务优劣的评价❷。在体育赛事中，观众获得"质量保障"指观众观看到的体育比赛过程与结果应该是客观、真实的。竞技足球比赛观众消费者通过购买门票进场观看比赛，构成了买卖的事实，根据《消法》第 2 条：消费者为生活消费需要购买、使用商品或者接受服务，其权益受本法保护；本法未作规定的，受其他有关法律、法规保护❸。所以商业体育比赛观众消费者的相关权益应受《消法》保护。《消法》第 10 条规定：消费者在购买商品或者接受服务时，有权获得质量保障、价格合理、计量正确等公平交易条件。观众消费者花钱观看比赛享受比赛提供的服务，作为一位合法的竞技足球比赛观众消费者首先在观看比赛时有权获得所观看体育比赛的真实性。根据《消法》第 8 条：消费者享有知悉其购买、使用的商品或者接受的服务的真实情况的权利，所以商业体育比赛的真

❶ 杜永浩，石明磊.论刑事被害人的界定［J］.湖北警官学院学报，2003（2）：15.
❷ 钟丽萍，等.论体育观众的权利［J］.体育文化导刊，2009（2）：142.
❸ 李昌麒，许明月.观众消费者保护法［M］.北京：法律出版社，2005.

实性是观众消费者最基本的权利，当比赛场上出现欺诈、虚假等情况时，其行为已经侵犯到商业体育比赛中观众消费者的权益。商业体育比赛观众消费者可以做出拒绝消费或者申诉处理。观众对在我国的许多体育比赛中，特别是在足球职业联赛中经常发生的"黑哨""假球"事件没有丝毫办法，更有甚者的是某些事件就跟演戏一样假。因为赛事举办者与观众之间的信息是不对等的，所以只有俱乐部和球员知道这场比赛是否尽力，而观众很不满但也很难从外部去获得法院认可的证据，依此可以看出观众的观看真实比赛的权利时有被侵犯。观看真实的比赛和结果是观众的基本权益和根本需求，也是体育比赛的核心内容。

三、球迷被害后的表现

（一）球迷主体的"自我迷失"

作为赛事的消费主体，球迷随着社会的发展不断提高对赛事过程的审美与娱乐诉求，球迷进行自我表达的一种方式就是到比赛现场欣赏一场精美赛事。我国职业联赛在现阶段的竞技水平不断退化，导致比赛的精彩程度大幅度降低，"假、赌、黑"现象时有发生，体育比赛所能够提供的娱乐与审美功能退变，已经不能满足球迷对精神文化的需要。当球迷的精神诉求与赛事的审美功能丧失之间形成剧烈冲突的时候，球迷就会在自己熟悉的赛场上失去归属感，从而迷失了"自我"。

（二）球迷的过激行为

球迷的过激行为是指个人或群体由于某种意外刺激物所激起的短暂的、爆发性的、极度冲动的行为。其特点是行动缺少理智，被激情所支配，易受暗示和感染。不听劝告，不顾后果，表现出疯狂的过火的举动❶。有球迷才有市场，足球俱乐部的绝大部分收入均来自球迷，这一点是毋庸置疑的。这可以从职业足球联赛中球赛门票的收入在俱乐部收入构成中占有非常重要的

---

❶ 朱智贤. 心理学大词典［M］. 北京：北京师范大学出版社，1989：312.

地位，加上广告等以球迷为市场主体的经济收入中看出来。中国球迷是中国数十家职业足球俱乐部、数百名球员甚至于中国足球的管理和联赛的经营机构——中国足球协会的"衣食父母"，这一点无疑也是正确的。所以球迷们就感觉有权利将对俱乐部不佳表现的不满情绪表达出来❶。他们对球员、裁判以及俱乐部的表现稍不满意，"下课"以及国骂之声便会"洋溢"在球场的各个角落，更甚者就是将矿泉水瓶等杂物砸进场内。球迷们过激行为的对象甚至从只针对比赛的局外人而转向了对球员、裁判以及俱乐部官员等发泄不满。特别是在"假球黑哨"屡打不止后，只要场上比赛队员的表现和裁判的判罚尺度稍不让他们满意，"假球黑哨"之声便会四起，诸如矿泉水瓶之类的杂物就会如暴雨般激射在球员及裁判的身上，以至于比赛有时竟无法继续。如2002年3月24日陕西队在西安同青岛队进行一场普通的甲A联赛过程中发生的球迷骚乱事件。在事件中球迷认为裁判控制比赛，于是放火烧了座椅，球场外的球迷用石头和瓶子砸坏了一辆警车。极少报道中国足球的英国路透社也以《中国西部愤怒球迷球场暴动》为题，报道了发生在西安的球迷骚乱事件。

（三）球迷的希望抑或绝望

球迷们用自己的过激的行为向世人展示他们的狂热并发泄他们的情感。中国球迷盼望中国足球的真正崛起，尽管他们已经为中国足球痛苦挣扎了几十年。球迷们深切地热爱着中国足球联赛，所以他们绝不希望联赛带来的"假球黑哨"现象再次上演。球迷用一种专属于他们的特别的方式和行动在向中国足球协会施加压力，希望中国足球协会能够兑现对联赛不正当行为"杀无赦、斩立决"的豪言壮语，不愿意看到自己和各个相关利益主体再次成为竞技足球犯罪的被害人，同时希望中国足球协会体制改革能够继续深化下去。如果一个国家的联赛不能将比赛的公正作为自己的义务予以维护时，联赛就必定会丧失要求球迷给予任何支持和索取的权利，流失的球迷们正是在用属于他们的正当行为对中国足球进行着无声的抗议。

---

❶ 黄端.第三只眼看"黑哨"［N］.南方周末，2002-04-18.

第二节　足球球迷自身的被害原因

足球球迷自身的被害原因即被害性是指在竞技足球活动中，足球球迷带有的主动诱使和强烈刺激的特性，是导致竞技足球犯罪加害人实施加害行为的重要原因或者是加害人实施加害行为时可以利用和必须利用的条件。主要包括足球球迷自身对于竞技足球犯罪带有的易感性、诱发性和受容性三种特性。

一、被害易感性——缺乏对足球球队的忠诚意识

易感性是指被害人使自己成为犯罪人加害目标的特征，是其自身具有的，在心理和行为方面处于无意识状态的，容易被犯罪人引入被害境遇，从而成为犯罪人实施犯罪行为重要条件的各种因素的总和[1]。易感性特征以消极的不作为形式吸引了犯罪人的加害行为。忠诚是指对一个人、一种理想、一种习俗、一个事业、国家、政府等的忠实状态或程度，因此忠诚有三层含义，即对个人的忠诚、对信念或信仰的忠诚和对组织的忠诚。球迷对球队的忠诚意识是很重要的，这种忠诚实际上是球迷以球队为载体的对于足球运动本身的一种忠诚。它使球队和球迷紧密联系在一起，不论球队遇到任何困难，球迷对其不抛弃不放弃，并在相互坚守中共同迎来胜利。如果没有这种对足球运动的忠诚，球迷对球队"朝三暮四"，很容易造成球队为了得到球迷认同而不惜牺牲足球运动的拼搏精神而实施投资取巧甚至违法犯罪行为。中国足坛目前的许多短视行为和功利思想与广大球迷对竞技足球运动理解的偏差和球迷们所施与的强大压力不无关系[2]。水可载舟亦可覆舟，球迷既可以是推动足球事业稳步前进的中坚力量，也可蜕变成为摧毁其发展的可怕杀手，成为一种

---

[1]　张建荣.刍议犯罪被害人的被害性［J］. 2006（1）：96.

[2]　刘勇，方升.谈中国球迷对现代足球运动的价值认同［J］. 西安文理学院学报：社会科学版，2008，11（1）：102.

将理性足球运动异化的颠覆性力量或催化剂。

作为足球运动非常重要的物质和精神的双重载体，球迷的水平在一定程度上决定着足球运动的水平，决定着其发展方向与发展速度。或许有人会说，造成上述现象的主因是中国足球水平太低。其实，这不是水平高低的问题，西欧一些即便是三流、四流的球队，因为历史的渊源关系，仍然会有一批忠实的支持者，甚至在一个家庭已延续了几代人，球队和球迷有一种无法割舍的联系。❶ 我们发现，无论欧洲和南美的足球俱乐部的成绩是胜利或者失败，也不论他们晋级或者降级，球迷们在看台上永远不会轻易离弃，轻易叫嚷。从本质上来说，中国球迷无论是个体或群体对中国足球联赛缺乏高度的认同感，球迷的情感还处于初级阶段，认同程度不高，及不上国外"英超"以及"意甲"的球迷。球迷对球队较低的忠诚度成为我国球迷的基本特点，我们经常会在国内的比赛中看到这样一种现象：一个球队如果连连得胜就会赢得更多的关注者，更多球迷会到场助威呐喊；反之一个球队如果屡遭挫折，经常战败的话，关注者会越来越少，球队的粉丝也会改投新队。相对于外国球迷的群体意识，我国球迷更多地呈现了个体行为。

世界上几乎每个国家的足坛都可能存在"假球黑哨"，就算是素以严谨保守著称的德国人，在他们的国家中也会有"黑哨"的丑闻。意大利甲级联赛在2005—2006年赛季就曝出了意大利有史以来最为重大的"黑色"丑闻，丑闻囊括了五家著名俱乐部，报纸杂志等也时有刊登东南亚和南美洲国家的职业联赛中的假黑赌和色情等丑闻。当然，说这些也并非是为了给"假球黑哨"辩解什么，我们一直打击的就是以"假球黑哨"为代表的足坛丑恶现象，但从实际的角度来说，"假球"和"黑哨"这样的足坛丑闻我们可以抑制但可能永远也无法彻底消除、根治。我们应该思考一个更重要的问题：在"假球黑哨"无法消除的前提下，在我国当前体育界法治体制仍不健全且足球界发展低迷的情况下，中国的球迷对待这种现象的思维模式应该是怎样的呢？应该用什么样的态度去面对它，是包容、理解，还是愤怒、抛弃？如果缺乏对足球运动的忠诚，缺乏对足球运动的关爱，在这种情况下足球球迷群体就很容

---

❶ 陆小聪.足球文化与文化建构［J］.体育科研，2006（2）.

易做出很多过激的行为挫伤竞技足球参与人的信心。而正是球迷过激的一些行为最终导致某些竞技足球参与人对自己的未来没有明确的预期，从而为了短期利益而不惜铤而走险。因此足球球迷群体缺乏对足球运动的忠诚与否是导致其自身是否会成为竞技足球犯罪的被害人的关键。

二、被害诱发性

足球球迷的被害诱发性主要指足球球迷自身具有的、可能使自己受害的、能够引发犯罪人实施犯罪的行为因素 ❶。中国球迷大多具有以成败论英雄的观念和地域足球观念，当然具有上述这些类似观念本身无可厚非，但是当球迷在观看足球比赛的过程中把这种观念通过向比赛场中扔瓶子及辱骂运动员、教练员和裁判等强烈的形式表达出来，他们的行为可能有意无意之间就已经对犯罪人实施犯罪行为构成了作为外在因素之一的"诱饵"性质的影响，犯罪人可能在这种影响之下实施犯罪行为。因为球迷的偏激行为可能导致犯罪人失去对球迷的尊重感、信任感和责任感，进而认为对球迷实施任何犯罪行为都是无所谓的。"社会互动理论"认为：如果犯罪人周围的环境具备这种"诱饵"性质的因素，其实施犯罪行为的可能性就越大，而球迷被害人在竞技足球犯罪发生的过程中就扮演了这种"诱饵"角色。

（一）以成败论英雄的错误观念

与欧美球迷相比，中国球迷往往是感情大于理性，激情多于理智。在二十余年的职业联赛时间里，中国球迷虽投入了极大的热情与精力，但面对比赛、面对成绩，国人的浮躁心态却也表现得淋漓尽致，球迷们对自己所支持的球队往往要求甚高，胜了才爱败了就不爱，球队连胜三场则下场比赛的门票抢手稀缺，连败五场后就出现空荡冷清的看台。中国球迷关注的似乎除了胜负就是比分，衡量教练水平和球队实力的唯一尺码就是成绩，观众若对比赛结果稍不满意，"下课"之声便会"洋溢"在球场的各个角落；只要队员的表现和裁判的判罚尺度稍不让球迷满意，"假球、黑哨"之声便充斥看台，

---

❶ 童敏.流动人口刑事被害人及被害预防［J］.犯罪研究，2013（3）：57.

诸如矿泉水瓶之类的杂物就会暴雨般地落在球员及裁判的身上❶。我们的媒体似乎总喜欢报道国内足坛的负面新闻，并有意无意地人为放大"假球"与"黑哨"（当然，当前的中国足坛的确存在"假球"和"黑哨"），"假球黑哨"的放大与渲染给中国球迷造成了严重的心理暗示和思维定式，"足球""中超""联赛"在中国几成负面词语，中国球迷逐渐对中国足球心灰意冷，远离看台，而将关注目标投向欧洲五大联赛和世界杯。

中国足球职业联赛开展仅二十余年时间，许多体制、政策、法规、经营和管理规划还不成熟，正处在探索阶段，生存环境可以说非常脆弱，极易受到伤害。脆弱的生存环境需要广大球迷的细心呵护与关爱，非理性的要求和对竞技足球运动片面的认识，只能使目前的环境雪上加霜。但目前的状况是各俱乐部管理者在球迷"胜了才爱败了就不爱""永远争第一"等口号的强大精神压力下变得精疲力竭，球员、裁判在动辄被扣以"假球黑哨"帽子的痛苦中变得无所适从，足坛行政管理部门的领导在球迷的"合理"要求与期盼下变得唯成绩是举，唯"出线"是纲，哪有心思搞梯队建设和后备人才培养，更谈不上什么长远规划。在这种心态的驱使下，竞技足球的参与人很容易为了得到足球球迷的青睐，获得他们想要的经济利益而选择实施竞技足球犯罪，从而造成竞技足球犯罪的其他被害人的同时也使自己成为被害人。

（二）狭隘的地域足球观念

国内联赛中，中国球迷往往"敌我分明"，爱憎有别，他们将掌声与鼓励只送给主队，对客队总是以近乎仇视的眼光来对待，客队绝妙的进攻得分往往得到的是嘘声与讥骂，客队落败后离场多半会受到主队球迷的嘲讽。其他诸如用水瓶、石块等物袭击客队队员、教练、车辆的事件几乎就是国内联赛的家常便饭，因此而引发的治安问题时常见于报端。这种地域情结还制约了中国足球的开放性发展和人员流动，我们时常可以看到原本某省受众人喜爱的足球明星转会后随客队回家乡打比赛，看台上总会响起针对该球员的嘲讽

---

❶ 刘勇，方升.谈中国球迷对现代足球运动的价值认同［J］.西安文理学院学报，2008，11（1）.

其至谩骂声，球员如此，教练员亦然。中国足球职业联赛历史上曾有过多次俱乐部将主场外迁他省的事例，如辽宁将主场迁往北京、陕西国力迁往宁波、广州松日迁往贵阳。这些俱乐部外迁的初衷都是想让球队有一个更好的发展空间。但事与愿违，上述三家俱乐部的出走均以失败告终，他们要么在异地降级，要么在他乡惨淡经营一年后又打道回府。其失败的主要原因之一就是球队在外乡"水土不服"，当地球迷从心理上对打着外省旗号的球队有一种抵触情绪，球迷难以同外来球队在心灵上产生共鸣。这种因地域而产生的强烈情感排他性在欧洲球迷身上则表现得没有中国球迷强烈。欧洲球迷在为主队加油喝彩的同时，也同样会为客队精彩的配合与进球报以掌声，他们不是狭隘地将球队以"敌""我"来划分，而是比较理性地看待全局。对主队的支持、拥戴与对客队的宽容、接纳是构建和谐足球氛围的必要元素，站在国家和民族利益的制高点理性纵览大局，是足球健康发展的前提，这正是我们中国足坛目前所缺少的环境。过分狭隘的地域思想和偏激的"爱"与"恨"在一定程度上制约了中国足球的和谐发展，导致了竞技足球犯罪的产生，使球迷自身成为被害人。

三、被害受容性——对足球运动缺乏共同价值认同

足球球迷的被害受容性是指足球球迷心理和气质上对于自身被害角色的认同和容忍。因为缺乏对竞技足球运动共同的价值认同，所以足球球迷对于自身的被害常常采取一种容忍和认同的态度，正是这种容忍和认同的态度导致足球球迷成为竞技足球犯罪中多次被害、重复被害的被害人。所谓的所谓价值认同就是指价值理想、价值取向和价值标准等方面的一致性和统一性。在实际生活中表现为寻求基本理想、信念的归属感和认同感；在社会生活中表现为对特定集团行为方式、价值追求、道德规范的信赖、忠诚和践行[1]。球迷对于竞技足球的价值观就是"胜了就爱败了就不爱"，而球队对竞技足球的价值观就是"利益至上"，相悖的价值取向必然导致球迷对相关人员是否实施违法犯罪行为持无所谓的态度，他们只需要看到胜利的结果就行了，至

---

❶ 刘勇，方升. 谈中国球迷对现代足球运动的价值认同［J］. 西安文理学院学报：社会科学版，2008，11（1）：102.

于胜利是如何得来则在所不问。这种球迷和球队双方缺乏对足球的共同价值认同的状态，必然导致足球球迷在心理和气质上对于自身被害角色的认同和容忍。

现代足球运动已经历经一百多年，早已成为人类的一种文化。与其他文化种类一样，足球文化的构成也分为表层、中层和深层，足球的表层文化是器物层，或叫物质层，包括足球运动的器材设施、人员、成绩、技术、资金等；中层文化是管理制度层，包括管理水平、组织机构、规则和制度等；深层文化是精神层，包括足球运动的思想观念和理论体系、思维方式、民族性格、价值观念等[1]。对于足球运动的价值取向，我国球迷追求的仅仅是表面的功夫，对足球文化的价值认同，也仅仅是停留在关注器物层面的成绩阶段。我国球迷组织与俱乐部之间的联系相对较少，球迷群体的忠诚度并不稳定的，比赛成绩的好坏与否极易影响到球迷的热情程度，说明了球迷的价值认同感较为薄弱，特别是群体意识上没有形成稳定的认同"价值观"。据此，我们或许可以说：与西方的球迷相比，中国的球迷对足球运动的认识依然没有形成共同的价值认同，也并还没有深层次地理解现代足球运动的文化核心与内涵。

从时空的角度来看，国人对足球真正亲密接触并流行开来的时间不会超过几十年，我们无疑尚处于足球发展的初级阶段，如果用成熟来概括有近百年的职业联赛历史的欧洲足球球迷的话，那么以稚嫩来形容中国球迷完全很恰当。因为客观历史因素导致的球迷间的差距，使中国球迷在理解现代足球运动时表现出了先验性的不足，进一步在足球运价值认同方面也存在着偏差，没有形成共同个的价值认同。而正是在价值认同方面的偏差，使球迷从职业足球活动主体转变为了竞技足球犯罪被害人主体。而正是这种价值认同的偏差，使球迷群体只看到球队胜利的结果，自己的权利被竞技足球犯罪行为侵害也无所谓，这种"胜者为王"的态度导致足球球迷群体在胜利光环的笼罩下，一再成为竞技足球犯罪的被害人。

---

[1] 黄建华.价值认同——中国足球与奥林匹克文化［J］.吉林体育学院学报，2006（1）.

第三节　足球球迷自身的被害预防

足球球迷自身的被害预防，是指从足球球迷自身被害性角度入手，通过分析足球球迷自身因素和环境被害因素，采取各种措施和手段减少足球球迷的易于被害性，积极防止初次被害和重复被害的一种犯罪预防活动。其中包括克服被害人自身易感性、诱发性和受容性三种方法和路径。

一、克服球迷的被害性

对于目前我国足球球迷的种种非理性思维和行为导致其自身成为竞技足球犯罪被害人的状况，我们一定要客观冷静地看待。事物的发展都要经过由初级到高级的过程，中国球迷真正体验接触职业化足球与欧洲国家相比时间较短，他们对足球运动内涵的理解还很浮浅，他们对现代足球运动的理解有偏差，而这种认识上的偏差最终导致球迷成为竞技足球犯罪被害人，这个过程可以说是完全正常的。从欧洲悠久而丰富的球迷文化来看，中国球迷理解并真正认识足球的内涵需要时间，建立理性、正确的现代足球价值认同需要一个过程。球迷对于竞技足球犯罪带有的被害性特征，原因就是球迷群体对足球运动的价值认同相对薄弱，特别是在群体认同上没有形成稳定的"价值观"，球迷的热情极易受到比赛成绩的影响，球迷群体的忠诚度不稳定等。克服球迷被害性因素的核心就是要使球迷群体形成对于竞技足球稳定的价值观和忠诚度，改变球迷群体对于竞技足球"胜了就爱败了就不爱"的肤浅的情绪表达，减少由于足球球迷群体不理智的行为对竞技足球运动参与人造成的困扰，使他们能够坚持奋力拼搏，永不言败的竞技体育的精神而不是为了取悦球迷或者获得非法利益而做出违法犯罪行为。只有球迷群体克服自己对竞技足球犯罪行为带有的被害性特征，才能使自己不再成为竞技足球犯罪的初次被害，二次被害甚至反复被害的被害人。

（一）克服球迷的被害易感性——培养球迷对球队的忠诚

克服球迷的被害易感性，指的是球迷用自己的力量采取措施和手段减少自身带有的被害易感性，最终达到预防竞技足球犯罪被害目的的一种方法和路径。如果说球迷被害人的被害易感性是以消极的不作为形式吸引了犯罪人的加害行为，那么克服被害人被害易感性的方式就是要积极培养球迷对球队的忠诚。只有对球队忠诚的球迷才不会意气用事，对自己忠诚的球队不抛弃不放弃，给予球队以战胜困难的信心，从而避免竞技足球犯罪行为的发生。毕竟，我们从某一角度看，如果球迷和俱乐部的关系就仅只是单纯的买卖关系，那么球迷只会去支持联赛成绩好的球队无可厚非。然而，绝大多数足球发达国家的球迷，他们从很小的时候便有了自己喜爱的球队，会自始至终地支持着它，无论球队的成绩好坏，不离不弃，这些球迷对球队的感情是从小就开始培养的，这是一种将球队与球迷团结在一起的情结，是一种文化的积淀。从英格兰球迷的队歌《你永远不会孤单》中就可以看出球迷对球队的忠诚：在你遇到困难的时候，请昂起头走过狂风，走过暴雨，不要怕黑暗，尽管通往胜利的路上充满了艰险，风雨过后是晴朗的天空，勇敢地往前走，往前走，满怀希望，还有那云雀银铃般的歌声，一路上你不会孤单，我们会永远支持你❶。

这些歌曲显示出的正是球迷对俱乐部，对球员的坚决支持，而正是这种支持帮助俱乐部渡过了难关，蓬勃发展，歌词写出来了球迷们的忠诚。在一些足球发达国家，俱乐部都很重视对于球迷队伍的培育，并在具体的经营中尊重球迷的意愿，坦诚对待自己的球迷，形成自己的球迷文化。这样球迷才会把球队作为自己重要的伙伴，与俱乐部荣辱与共。比如1999年英国甲级俱乐部水晶宫队曾由于经营不善而陷入破产的边缘，此时，球迷没有背叛俱乐部，而是为俱乐部捐款帮助俱乐部渡过难关，几天内球迷的捐款超过100万英镑，建立了"援助信托基金"。❷而这种信托资金在英国中小俱乐部非常普遍，显示出俱乐部与球迷之间荣辱与共的关系。我们完全有理由相信，当一

---

❶　胡承志.英国足球球迷文化探讨［J］.体育文化导刊，2006（8）：75–78.
❷　王选琪.职业体育竞赛观众的培养措施［J］.体育学刊，2003，10（5）.

个球队面对如此忠诚于自己的球迷，他们会自觉克制自己不去为了某种短期利益而实施犯罪行为，否则就是对球迷忠诚的亵渎，而球队也会因此付出巨大代价。所以，要克服球迷的被害易感性，培养球迷对于球队的忠诚是一种比较好的方法。

（二）克服球迷的被害诱发性——提高球迷"足球欣赏者"的素质

克服球迷的被害诱发性，指的是球迷用自己的力量采取措施和手段减少自身带有的被害诱发性，最终达到预防竞技足球犯罪被害目的的一种方法和路径。克服被害诱发性，主要是采取措施克服足球球迷自身以成败论英雄的错误观念和狭隘的地域足球观念，用一种良好的欣赏足球赛事的心态来对待竞技足球运动，减少自己的被害诱发性，避免自己成为竞技足球犯罪被害人。事实证明足球球迷目前的"足球欣赏"素质是比较低的，因此导致了球迷被害诱发性的产生，而欧洲国家高素质的足球欣赏者缔造了欧洲百年的足球球迷文化，并使欧洲的政治经济文化都受益于这一文化的产生。因此，提高球迷"足球欣赏者"的素质，不仅能减少球迷自身带有的被害诱发性，防止球迷再度沦为竞技足球犯罪的被害人，还能促进中国足球球迷文化的形成。

足球欣赏是指在球迷熟练掌握足球比赛项目的历史、规律、规则、特性等知识的基础上，在赛场文化氛围里由球迷完成的一种精神体验和精神享受。完整的足球欣赏包含两个方面：第一，客观的欣赏对象，即足球比赛；第二，具有相应条件的欣赏主体，即球迷。就体育足球欣赏的对象而言，足球运动的激烈竞争充分体现了运动美。就足球欣赏的主体而言，球迷毫无疑问是足球欣赏的重要主体，他们通过观赏激烈的足球比赛所获得的足球运动的美感是足球欣赏的积极成果，是实现足球欣赏的审美价值的关键因素。足球欣赏就是在欣赏主体与欣赏客体之间建立起来的审美关系，是沟通运动员与球迷、竞技与鉴赏的桥梁，通过这座桥梁实现了足球与人的精神世界的交流。真正的足球赛事的欣赏者，能够自觉抵制竞技足球犯罪行为，在自己的周围形成一种良好的足球欣赏的氛围，杜绝竞技足球犯罪行为的发生。真正的足球欣赏者应当具有下列素质。

1. 从文化视角感悟足球运动的能力

足球运动以其非凡的魅力在全世界流行，是其他体育项目所无法比拟的，并最终而成为世界第一运动，每四年一度的世界杯足球比赛吸引着全世界上百万观众和球迷的参与，它不仅仅是单纯的足球比赛，更是一种民族文化的精神体现，足球运动在当今世界已被视为一种文化现象和社会现象加以考察和研究。作为文化的足球运动，它不仅体现出了民族的精神和力量，也是一种社会行为的知识，一种个人努力拼搏、团结奋发向上的成功价值观，是国家与国家、民族与民族之间、个人与个人建立友好往来的意识形态。因此，只有从文化视角的多个层面去认知现代足球运动，球迷对足球的欣赏才会更加深入和投入，才能克服球迷以成败论英雄和狭隘的地域足球的观念，预防竞技足球犯罪的发生。

2. 掌握足球比赛的相关知识

球迷除了要了解足球比赛的特性外，还要熟知竞技足球比赛的技战术特点、基本规则、专业术语等相关知识，以加深对竞技足球比赛的审美特征的认识和理解。丰富的竞技足球知识能拓宽球迷的视野，增强他们对足球之美的感受能力，帮助球迷很自然地进入到足球比赛技、战术的安排和组织结构中，着迷于运动员精湛的技术、比赛中复杂多样和变化多端的战术安排，欣赏教练员的指挥才能、裁判员的职业道德和球星们具有表演性的比赛，去对参赛各方在比赛整个过程中应用的技、战术进行分析和审美的评价，非常细心地关注比赛的进程，而并非单纯地关注比赛结果，从而使体育欣赏进入到一个更高的境界。

3. 有良好的文明修养

球迷良好的文明素质是创造良好足球欣赏氛围的内在基础。首先，足球比赛体现了追求竞技、追求健康、追求文明的奥林匹克精神，展现的是人类无差别的本质力量。只有具备良好文明修养，球迷才能深入地理解足球比赛的本质，才能够自觉抵制诸如以成败论英雄的偏见、狭隘的地域情结等外在因素对足球欣赏的影响。再者，良好的文明修养能让欣赏者保持愉悦的欣赏心境，以一种持久的、积极的情绪状态参与审美过程，从而强化了感官系统对审美对象的感觉能力，形成美好的美感体验。最后，良好的文明修养塑造文明的赛场行为。足球比赛场面激烈而紧张，球迷的情绪随比赛的节奏时而亢奋，时而消沉。此时，如果球迷的自身修养和文明观赛的意识薄弱，很可能会以非常粗野的行为宣泄自己的不满情绪。可见，提高自身的文明素养，是保障赛场良好欣赏心境和欣赏氛围的必要之举。因此，本研究认为要克服球迷以成败论英雄的错误观念和狭隘的地域足球观念，培养和提高球迷作为足球欣赏者的素质是重要的。

（三）克服球迷的被害受容性——培养球迷对足球运动的价值认同

克服球迷的被害受容性，指的是球迷用自己的力量采取措施和手段减少自身带有的被害受容性，最终达到预防竞技足球犯罪被害目的的一种方法和路径。足球球迷心理和气质上对足球运动价值的功利主义认识导致其对于自身被害角色的认同和容忍，使其成为竞技足球犯罪被害人。只有克服其对于自身被害角色的功利性的认同和容忍，才能预防球迷群体再次沦为竞技足球犯罪被害人。球迷对足球运动的价值认同是指球迷群体通过相互交往而在观念上对足球运动价值的认可和共享。而关于足球运动的价值，从物质和制度层面来看，它表现为强烈的竞技性，但在精神层面则表现为人类无差别的生命内涵，即"和平""公正""和谐""友爱""参与"等。所以，最高层次的足球欣赏虽然也有民族感、爱国情，但具有体育共同价值观的球迷会认为体育是没有国界的，他们会为体育自身所展现的魅力而喝彩，他们不仅为体育比赛所体现的运动美而激动，而且在精神上与体育比赛相通互融，从体育比赛中获得精神的愉悦和享受，进而悦纳自己，悦纳他人，在心灵深处营造美好的精神世界。这是体育比赛希望向观众传递的体育的真谛，也是体育观众欣赏体育所应达到的理想状态。

当然同样的球迷可有着不同的价值观，如有的球迷把比赛当作艺术来欣赏，有的把比赛当作娱乐消遣，有的感受身临其境的氛围，有的就图发泄和刺激。但是，球迷通过观看足球并在其中寻找自主意识和主体意识，在对立中寻找认同这一点是重要的。认同不仅是一个心理行为，而且是一个社会行为，更是我们获得生存意义的一种方式。比如当球迷用自身的行动向中国足球协会展现了要铲除"假球黑哨"的决心时就得到了社会的认同，主流话语与球迷话语在对打假除黑的认同上达到了一致，这对于中国足球的发展是至关重要的。因此培养球迷对足球运动的价值认同对于足球的发展是有所裨益的，能够阻止那些变异的价值观导致的只关乎胜败，只注重功利而弃体育道德于不顾的社会氛围的形成，从而能够克服球迷对竞技足球犯罪所带有的被害受容性，从球迷角度实现对竞技足球犯罪被害的预防。

二、克服球迷被害性的路径——构建足球"球迷文化"

克服球迷被害性的路径就是减少球迷被害性的方法和途径，就是怎样去培养球迷对球队的忠诚意识、怎样提高球迷的素质，以及怎样培养球迷对足球理性的价值认同的问题。通过研究我们发现，19世纪英国的人类学家泰勒在《原始文化》一书中提出，文化是一种包括知识、信仰、艺术、道德、法律、习俗等任何人作为社会成员而获得的能力和习惯在内的复杂整体❶。从足球运动发展的特性来看，足球运动以其非凡的号召力已经成为世界第一运动，日益表现为一种民族精神和力量，是一种个人努力拼搏、团结向上的成功价值观，是一种民族文化的精神体现，从这个意义上，足球也可以被视为一种文化。我们可以把足球文化认为是足球运动主体创造的不同形态特质所构成的复合体。而作为与足球同伴产生的足球球迷，毫无疑问地同样要受到足球文化的熏陶，同样我们也可以认为足球球迷文化同样应该得到足球文化的滋养，成为足球文化的一部分。而我们认为的球迷文化，应该能够体现球迷的思想信仰、价值观念、人生追求、精神面貌、行为方式的总和，是球迷个性的体现和浓缩。至此我们发现，上述我们为了克服球迷被害人的被害性所做的一切尝试，包括培养球迷的忠诚、提高球迷的素质，以及培养球迷对足球理性的价值认同，无一不体现了球迷文化的核心价值所在。因此本研究认为，我们可以通过构建我国足球"球迷文化"来减少或者消灭球迷自身带有的被害易感性、诱发性和受容性，进而从球迷自身实现竞技足球犯罪的被害预防。

---

❶　胡承志.英国足球球迷文化探讨［J］.体育文化导刊，2006（8）：73.

（一）"球迷文化"概述

球迷文化是球迷在参与球类运动过程的实践中所形成的以球迷为载体的物质、行为、心理要素的总和。现代竞技足球运动在我国兴起的时间还比较短，没有深厚的文化底蕴，良好的球迷文化的建设是一个艰巨而漫长的过程，然而其一旦形成就会得到稳定的发展，产生积极的效应。我们必须以球迷为载体，从物质、行为、心理等要素多方位、多角度、多层面构建良好的足球球迷文化，让良好的球迷文化氛围克服足球球迷自身的被害易感性、诱发性和受容性，使足球球迷不再成为竞技足球犯罪的被害人。

1. "球迷文化"的概念界定

关于球迷文化，有学者这样认为：一是认为"球迷文化是顺应体育潮流、催人奋发向上的体育文化。球迷文化的本质是人本书化。文化融入活动之中，坚持以人为本，推崇人性管理，达到人与足球合一，使足球球迷人格化，实现足球球迷与运动员同生共长，共同发展"❶。一般情况下，文化包括心理、行为、物质三个方面的要素，或者说三个不同的层面。体育文化也不外乎这三个层面：体育文化的精神层面、行为制度层面、实体层面。而从体育文化的具体性来说，球迷群体作为一种社会文化现象也包含了这三个层面。同时球迷文化的本质是人本书化也凸显出要以球迷为核心，以球迷为载体，实现球迷的自我成长和自我价值。二是认为球迷文化也是体育产业文化。球迷文化常常是球迷的思想道德、价值观念、人生追求、精神面貌、待人处事方式的总和，是球迷个性的体现和浓缩，是球迷智慧的结晶。球迷文化是现代体育产业的灵魂❷。可见，以球迷为载体的知识、技能、精神、信仰、理念等精神价值要素不仅直接创造财富，还经营着足球其他有形、无形资产，带来了巨大的经济效益、社会效益，这也是球迷文化最重要、最宝贵的资源和财富。

本研究认为，球迷文化是球迷在参与球类运动的实践过程中所形成的以球迷为载体的物质、行为、心理要素的总和。作为足球文化重要组成部分的球迷文化能够给予足球运动以巨大的动力激励和促进，其自身具有的文化力、

---

❶ 黄银华，等.试论中国足球球迷文化［J］.武汉体育学院学报，2002（6）：7-9.
❷ 黄银华，等.试论中国足球球迷文化［J］.武汉体育学院学报，2002（6）：7-9.

精神力、情感力对足球事业的持续健康发展起着巨大的推动作用。

2. 球迷文化的基本构成要素

（1）客观要素。第一，球迷产品。所谓球迷产品，就是以满足球迷这一特定群体需要为目的、由俱乐部生产或授权生产的、含有俱乐部无形资产的用品。❶ 拥有自己固定的球迷群体成为每一个在足球发达国家足球俱乐部的特征，凡有主队的比赛，球队的球迷在看台上观看球赛时，会用带有自己所支持的俱乐部标志的产品，比如围巾、帽子、队服等把自己打扮起来。上千上万的球迷汇集在一起形成一幅壮观的画面，带给人精神的震撼。换句话说，维持球迷与俱乐部之间紧密关系的一条重要的纽带正是球迷产品。它既展现了球迷的个性也展现了对球队的支持，同时代表着服务于球迷，学会尊重、体会球迷的精神深入俱乐部的心中。更重要的是，例如英国曼联俱乐部在1994年通过销售球迷商品就赚取了就高达2400万英镑的巨款，可以看出销售球迷产品也会给俱乐部带来可观的经济收入。

第二，球迷设施。球迷设施是指球迷活动的场所，主要功能是使球迷可以聚在一起看球、侃球，具体有职业球队的球场以及球迷酒吧、球迷餐厅等❷。由不同的球迷设施来承载不同的作用：赛场场地里，成千上万的来自不同阶层、身份各异的球迷们聚集在这里，就像过年似的，为支持的球队加油，享受运动所带来的乐趣。因此，球场不仅仅代表着进行运动竞赛的场所，更应该被视作让能球迷充分体会到节日快乐的乐园。而像球迷酒吧、球迷餐厅一样，通过共同爱来联络感情的球迷设施，其中的球迷群体大多来自相同的基层，大家好像朋友一样在一起聚会。

第三，思想物化品。思想物化品主要指球迷撰写的与某项球类运动相关的书籍，以及在报刊、杂志上发表的文章等。它是球迷对于球迷群体等相关内容的认识和看法用文字的具体表达。球迷思想物化品成果丰富与否，也是球迷群体素质的综合体现。像英国球迷亨特·戴维斯所著的足球题材的书就有6本，其中被尊为英国足球题材的经典之作《光荣的运动》，已在欧洲多国出版，至今仍是英美的畅销书，他同时还为《新政治家》做每周一次的足

---

❶ 逯明智，孙文丽. 球迷用品市场开发浅析［J］. 辽宁体育科技，2003（1）：77-78.
❷ 毕波. 球迷文化内涵基本构成要素探析［J］. 体育与科学，2007，28（5）：69.

专栏撰稿。❶

第四，球迷团体的管理与运作。球迷团体管理和运作的主要形式就是球迷协会。也就是说，使球迷文化从外在物质文化上升到内在精神文化的一个关键因素是球迷协会。国内外许多俱乐部已经成立了一个独立的部门来管理球迷和球迷俱乐部，双方建立了球迷和球队之间的良好连接，来获得球迷支持，提高球迷对球队的忠诚度，他们同时也可以规范球迷来对于球迷的有效管理。由此见得，球迷协会的成立使得球迷对于自己的切身利益有了很好的意识，使他们发挥自己的社会作用的时候有了很好的组织保障，使之更好地发挥社会作用。为了保证球迷协会，球迷，俱乐部的健康发展，三者之间管理部门应相互配合，加强合作。同时该协会的球迷组织，科学和法律的关注也将是未来研究的课题。

（2）主观要素。第一，球迷价值观。球迷价值观是球迷对于某项球类运动这一社会现象需要程度的观念❷。它是一种标准用来判断球迷的好坏，同时也是作为一种行动指南，它决定了球迷在参与球类运动中具体行为的取舍。球迷价值观的形成来源于多种因素，使得不同球迷群体价值观也出现了不同。从价值学的一般观点来看，所谓体育的价值也就是说体育的功能与人需要之间的关系。例如，以足球为例，可以归纳出六点典型的职业足球球迷的价值观：①足球运动能够促进健康水平的提高；②足球运动是需要；③足球运动是美的体现；④足球运动是娱乐和消费；⑤足球运动有利于建立良好的人际关系；⑥足球运动有利于个性的凸显。

第二，球迷精神。在职业足球市场体制中，俱乐部（企业性质）的根本目的是追求利润的最大化，对于企业重要的营销规划是系统性和计划性的培养客户的忠诚度。球迷忠诚精神的具体反映的是球迷的忠诚度，它不仅是球迷足球俱乐部生存和发展的保障同时还是球迷文化发展的必然要求。所以说，球迷的忠诚精神作为球迷精神已逐渐成为其重要组成部分。根据企业营销学中对于客户忠诚度的研究理论，把球迷的忠诚精神分为行为忠诚和情感忠

---

❶ 亨特·戴维斯.足球史［M］.太原：希望出版社，2005.
❷ 毕波.球迷文化内涵基本构成要素探析［J］.体育与科学，2007，28（5）：70.

诚❶。球迷的行为忠诚，是指在现场看球的球迷、购买球队的纪念品，参与球队组织的活动。球迷的情感忠诚，使得球迷对这一球队产生感情这也就是说与球迷的价值观和生活方式相一致，以至于引以为豪，并将此作为精神寄托。球迷的情感忠诚又分为两种类型，一是地方认同的情感忠诚。球迷最明显的特征是地域性。正因为球迷有地域性，所以，每个城市、每个地区、每个国家，都会有很多的球迷为自己所喜欢的球队欢呼、疯狂、甚至痛苦。二是球队风格忠诚的认同感。职业俱乐部的核心产品在于球队竞技水平的高低，而球队竞技水平的灵魂在于球队技战术风格是否被认同。球迷认同某一技战术风格，最能代表这一风格的球队就能被欣赏它的球迷产生高度忠诚。比如像皇家马德里、曼联这样的球队容易被喜欢漂亮进攻足球球迷所支持；尤文图斯、拜仁慕尼黑这些球队更容易被欣赏强调整体、注重防守的球迷所喜欢。

第三，球迷现场观球的行为表达。球迷现象的出现，其意义是唤醒人们的自主意识和个性意识，而球迷现场看球的行为表达就是球迷特有行为方式的集中体现，如装束的样式、呐喊的方式等❷。可以说，球迷现场观球的行为表达是这个国家球迷素质、运动文化、民族特征的一个缩影。在韩国，"红魔"啦啦队，其独特的装束和口号，已成为韩国球迷文明的象征；在欧美的职业联赛，经常能听到球迷集体演唱球队队歌的雄浑歌声，并且在球队落后时，支持声越是洪亮❸。

3.球迷文化发展的影响因素

足球球迷文化的形成是一个复杂因素交互作用的过程，并不是一个孤立的过程。很多因素会影响足球球迷文化的发展方向和程度，这些影响足球球迷文化发展的因素较多，我们主要阐述其外部环境因素和内部球迷因素两种。

（1）外部因素。第一，社会环境。任何一种文化的产生不能脱离当时的社会环境，社会环境是指由当时的政治因素、经济因素、文化因素交织融合而形成的一种社会形态。作为社会文化的亚文化的中国足球球迷文化，也同

---

❶ 毕波.球迷文化内涵基本构成要素探析［J］.体育与科学，2007，28（5）：70.
❷ 毕波.球迷文化内涵基本构成要素探析［J］.体育与科学，2007，28（5）：69.
❸ 韩旭，王海霞.营造我国竞技体育看台文化的必要性分析［J］.安徽体育科技，2005（6）：20–22.

样不可避免地受到我国当时社会环境的影响。球迷的参与热情是在社会主义民主政治的发展中，人们的参与意识开始觉醒，并得到加强的微观显示。球迷文化的形成和发展主要是由于商品经济的发展使人们物质经济得到丰富，并带来自由、开放的经济思想。在物质经济得到满足后，人们开始有了空余的时间去进行休闲活动，比如观看比赛，而商品经济改变的消费观念直接影响了球迷的文化塑造。社会的重点转移到诉求个性化，满足自身的需求和凸显出个人自身价值，社会文化在球迷身上的作用主要是突出球迷个性需求的展示。

第二，比赛环境。包括赛场内和赛场外的环境，对球迷文化的形成的影响更直接，影响的作用更大。赛场内环境的影响因素主要包括赛场的设施、比赛的氛围和其他因素。赛场的设施作为球迷观看足球比赛的场所，以其文化效应、布置、规模甚至卫生条件对球迷的感受产生影响，作用于对球迷文化的形成。影响球迷文化形成的最重要的因素是赛场上比赛的氛围。裁判的评判情况、球员的表现特别是球星、场上两队的激烈对抗等都是影响球迷文化塑造的因素。在球队激烈对抗、球迷表现积极、裁判评判公正的前提下，球迷表达自身情感，宣泄内心的激动是通过加油、助威等正确渠道，这些都有助于形成积极的球迷文化。而流氓球迷文化的形成归咎于球赛上不激烈地对抗、精神不振的球员、裁判评判错误等不和谐的情况，接着对这种不正规的赛场现象，球迷就会通过非正常渠道，如球场暴力来表达诉求。会对球迷观念的形成产生作用不只是以上，还包括报纸的足球专栏和电视、网络媒体的足球报道及评论，球迷会因为正面和积极的报道产生对球队和俱乐部的喜爱，也会因为负面的报道而产生消极的情绪。球迷与俱乐部的关系是相互的，俱乐部对球迷关注度的不同，会使球迷对俱乐部的忠诚度有所差异。欧洲的一些俱乐部对球迷关注度很高，甚至俱乐部的决策层都有球迷代表的专属位置，这样怎愁球迷对俱乐部的忠诚度不高呢？

（2）内部因素。第一，球迷素质。球迷文化重点体现了球迷基本涵养、精神状态、价值观念，球迷文化水平的高低取决于球迷的素质。因为足球球迷的内涵超出传统体育的范畴，这使得球迷在赛场上占据主要地位。从某种程度来说，球迷文化程度不仅代表了一个国家职业体育联赛的水平，也代表了一个城市的文明程度。球迷的素质跟球迷文化的关系不仅体现在球迷文化水平的高低，而是全方位的。球迷素质的提高不是一蹴而就的，而是需要持续沉淀和积累，它是体现在球迷在比赛期间的语言、行为及其他的表现。作为在文化素质方面是全世界球迷学习楷模的德国球迷，他们通常在比赛开始前安静地等待喜爱的球队和球迷出现，在球队胜利时助威喝彩；当球队失败时，他们虽沮丧但不失理智，更不做出过激的行为。这充分展示了他们理智的爱和忠诚于喜爱的俱乐部、球队和球星，不离不弃。我国球迷应该学习这种高素质的球迷文化。

第二，球迷心理。球迷文化是一种社会现象，也是球迷心理的一种外在表现形式，球迷的心理状态直接影响到球迷文化的发展❶。现今社会生活节奏的不断加快，人们开始面临更大的工作压力，为了缓解在工作中所承受的压力，人们通过观看比赛来宣泄和排解紧张的情绪，及时发泄和舒缓自己低沉的心理情绪。球迷文化中蕴涵着丰富的心理因素：明星崇拜的心理，社会交往的心理，叛逆的心理，寻求刺激的心理。对明星的崇拜心理追根到底体现了人类模仿、效仿的本性；球迷为了满足自己的心理反应，模仿喜爱球星的言行举止和衣着打扮。球迷为自己支持的球队加油，球迷给自己支持的球队的落败痛哭流涕时，表现出了一种感情上的共鸣，作为球迷群体一员的归属感。青年球迷为了展示出自己冲破现实藩篱的目的，经常穿着古怪的服饰、呼喊着奇异的口号、拿着另类的器具。赛场上的兴奋和悲伤，使球迷感觉到一种脱离现实世界的快感。精彩和高质量的赛事尤其是球星精彩的表演、突变的攻防、结果的不确定性，正是球迷愿意看到的，这些刺激也极大地满足了球迷的心理。上述的心理因素都对球迷文化产生了重要的影响，影响了球迷文化的深层次内涵。

（二）构建足球球迷文化的路径

1. 创造良好的外部条件

（1）球迷文化的规范化和组织化。自发力量是球迷文化形成的重要组成部

---

❶　张伟，安斗. 影响中国球迷狂热行为的因素分析［J］. 山西师大体育学院学报，2003（1）：16-18.

分，而球迷协会和球迷俱乐部的中介作用也是不容忽视的，它们会使球迷文化的形成更有组织性和规范性。球迷协会和球迷俱乐部将那些分散的球迷组织规范起来，增加球迷彼此之间的沟通并且为球迷交流感情搭建桥梁。通过这种方式极大地提高了球迷的归属感，构建出健康、有序、组织化的中国球迷文化。球迷协会和球迷俱乐部应该能够更好地保持与赛事组织方的联系，方便让球迷能够更加接近赛事，积极改变我国球迷文化脱离赛场，与赛场"距离"仿佛很远的尴尬局面，这也有利于政府对球迷文化实施规范化的管理。

（2）改善球迷文化的环境氛围。社会环境和比赛环境均属于球迷文化的环境氛围。在社会文化方面，积极提高社会文化的总体发展，球迷文化应该多吸收社会文化的积极方面而非那些不健康的、消极的社会文化。而且球迷文化应该能够成为也完全可以成为优良社会文化的宣传器，而不应成为那些消极社会文化的反光镜。在比赛环境方面，赛事组织者应积极想方设法改进赛事环境，提高赛场环境的正面宣传。净化赛场内外环境，绝不姑息赛场内外不断出现的各种违规现象，为球迷形成健康积极文化能够提供优良土壤。改善球迷文化形成的环境氛围，就是对球迷文化的土壤加以改良。社会环境和比赛环境的好转，必然对球迷文化的良性发展产生很大的正向的积极作用。

2. 提升球迷的认同感和整体素质

（1）培养球迷的集体身份认同感。第一，集体身份认同。"身份"在汉语里并不陌生，身份在汉语里代表着"出身、社会地位""身价"及"姿势、架势"等多重含义，综合概括可以认为是个体在社会中所处的位置和地位。而身份认同则是一个复杂的概念，不同的社会环境和场域之下对于身份认同的理解也存在着较大的差异❶。身份认同也包含个体身份认同、社会身份认同、群体身份认同、种族身份认同、角色身份认同，以及职业身份认同等多个概念。身份认同最早来源于拉丁语"idem"，表示相同和同一的含义，后来逐渐演化为英语之中的"identity"一词，有着"认同、同一""认为、一致""身份、正身"和"身份认同"等多元含义❷。身份认同也是个体对所处社会文化

---

❶ 金瑞静. 集体身份认同视域下中英足球球迷文化的比较研究［J］. 体育与科学，2015，36（2）：69.

❷ 张淑华，等. 身份认同研究综述［J］. 心理研究，2012（5）：21-27.

环境的认识，这一过程也是个体情感归属、价值观认知的重要过程。正如弗洛伊德所认为的，认同过程是"个人与他人、群体或模范人物在情感上和心理上的趋同"❶。

集体认同是在个体认同的自我概念中对所处群体的了解、情感寄托和价值观趋同，是个体情感、价值观与群体的共同价值观的高度统一的过程。也就是说个体和群体情感和价值观的合二为一这种知觉就是所谓的群体认同。当个体成为群体中的成员之一时，就表明个体情感和价值观与集体情感和价值观的合二为一形成了自我区隔的群体效应，进而区别于其他群体或者与其他群体进行了明显的界限划分。此时，群体的荣辱与命运和个人的荣辱命运联系在一起，其高度契合进而形成较为强烈的群体凝聚力。群体身份认同实际上回答了"我是谁，我属于哪个群体和阶层"的问题，由此就形成了对群体身份的认知，随之就会建立一种相伴随的情感，进而呈现出相应的行为表现。

第二，集体身份认同与球迷文化。集体身份认同是球迷文化产生的基础。足球项目本身就具有强烈的群体效应，通过两个群体以足球这种介质进行对抗，极易产生参与者和观众的认同感，而这种认同感的群体效益逐渐会被扩大并赋予民族主义和战争符号的隐喻。这因为球迷们通过自我认同和群体认同的进程而实现不同群体之间的区隔，而这种区隔促使了界限的划分，厘清了不同球队和球迷群体之间的界限。群体认同是球迷文化的基础和重要表征，也是促使球迷团体与球队之间高度统一的重要过程。群体认同的过程首先依赖于球迷的个体认同，当个体认同具备两个或者多个人在同一空间聚集的条件时就会发生相互影响并且实现群体的一致性情感，这种集体情感到达一定程度的时候就会出现区隔效应，由此产生群体共同的体验、担当和价值认同❷。群体认同产生之后作为支持者的球迷群体内部也会产生变化，群体之中会根据认同的深度产生诸如支持者、追随者、粉丝和游荡者等不同情感表征的个体❸。

❶　斯蒂芬·A·米切尔，玛格丽特·J·布莱克.弗洛伊德及其后继者：现代精神分析思想史［M］.陈祉妍，等，译.北京：商务印书馆，2007.

❷　兰德尔·柯林斯.互动仪式链［M］.林聚任，等，译.北京：商务印书馆，2009.

❸　梁斌，等.集体认同传承与商业利润最大化矛盾下的英国足球球迷研究［J］.成都体育学院学报，2014（3）：17-23.

球迷群体按照对球队和俱乐部的支持程度可以依次分为四种：支持者、追随者、粉丝和游荡者。最为忠诚的群体是支持者，他们的情感是较稳定的、不易受外界影响和比赛的胜负而迁移；稍次的是追随者，他们可能成为多个俱乐部的"拥护者"；粉丝则是对某位球星抱有个人崇拜的一个群体，他们容易受到球星的转会而改变所支持的球队。游荡者则是一群冷静的、情感不易受到主观控制的消费群体，同时，他们也是临时的球队支持者，主要通过现代传媒来观看各类比赛。由此在群体认同的前提下形成了固定的球迷文化群体，表现为以下特征，第一，他们之间在仪式互动和群体效应的作用下产生形成具有排他性的球迷团队，团队内部具有高度的凝聚力；第二，在群体认同的基础上个体的情感与群体情感形成高度认同并互相作用，甚至为捍卫群体荣誉产生越轨等过激行为；第三，在群体认同前提下球迷所支持的球队符号和球星等成为崇拜对象，并引发球迷狂热互动❶。在某些礼节上说，球队在球迷眼中是自我精神（群体、家族和国家）的代表或标志，而且根据社会学家涂尔干的理论说法，球队被赋予了群体（社区、族群和国家）中共同的图腾代表，球迷群体则通过多种所谓的"仪式"活动对其加以崇拜。所以这更加形象地说明了集体认同是球迷文化形成的基础。因此构建足球球迷文化，培养球迷的集体身份认同是关键。

（2）培养球迷理性的价值认同感。球迷的价值认同感是社会文化和赛场文化的共同反映，集中体现为球迷的集体认同感。集体价值的认同感是球迷文化经过长期的积累和沉淀而形成的可以去影响和规范球迷行为模式的理念、价值和行为。对于球迷价值认同感的培养，首先要树立球迷核心的价值理念。该价值理念必须是正确的、积极的、向上的才能将球迷的情感和足球的文化有机结合在一起，将球迷文化与体育文化统一到一块。而将体育奋进、拼搏、公平的精神渗透到球迷文化之中，使得球迷文化产生一种正能量，这种体育正能量也就是球迷文化的核心价值。球迷自身、赛事组织者和社会都是球迷价值认同感培养的重要力量，只有三者共同努力才能形成推动球迷理性价值认同感形成的巨大力量。

---

❶ 王冰，等.世俗运动的宗教性：球迷狂热的动因与文化表达——以足球项目为例［J］.体育与科学，2014（5）：59-61.

（3）提高球迷整体素质。球迷素质的提高对于健康积极的球迷文化的形成起到重要的作用。球迷文化的形成原因又分为内因和外因，球迷就是球迷文化形成的内因，所有因素只有作用到球迷身上，最终才能产生球迷文化。因此，球迷应该从自身做起，首先，看球时要注重自身修养，努力杜绝丑陋现象的出现。其次，球迷协会和球迷俱乐部应积极组织各种球迷培训课程或者相关的球迷文化讲座，而且政府有关足球管理机构也应该组织一些相关的培训，或者给予社会上球迷培训机构相应的一些政策鼓励和财政支持，在多方的努力之下积极提高球迷的素质。再次，注重球迷个体心理和群体心理的变化，培养球迷积极的心理观念和心理倾向，是形成一种健康的球迷文化不可缺少的心理因素。最后，球迷素质的提高还需要采取相应的措施、手段，通过严格的法律法规对那些过激并有行为偏差的球迷予以遏制或打击。

结　论

本书从犯罪被害人角度对竞技足球犯罪的被害和被害预防进行了研究和探讨。经过论证与分析，得出结论如下。

（1）中国足球协会、足球俱乐部、足球运动员和球迷观众因参与了竞技足球运动而成为竞技足球犯罪被害人的主体。相对于社会上不特定的群体，竞技足球领域的这部分群体是特定的。同时由于竞技足球是一个相对封闭的领域，在这个特定的领域研究犯罪被害人是现实可行的。

（2）国家是竞技足球职业化的设计者和管理者，中国足球协会代理国家行使对竞技足球运动的管理权。中国足球协会在管理竞技足球运动的过程中产生很多管理上的失误，导致中国足球协会（实际上是国家）成为竞技足球犯罪的被害人。只有改变中国足球协会的管理现状，实行管办分离政策，才能克服中国足球协会自身的被害性，使其不再反复成为竞技足球犯罪被害人。

（3）足球俱乐部是竞技足球活动的主体，具有自身特定的主体结构和特征，因其自身存在制度缺陷，不具备企业核心竞争力以及风险投资在职业足球领域的运用不完善等自身被害性因素的存在，导致自己作为经营者的公平竞争权受到竞技足球犯罪行为的侵害，成为犯罪的被害人。只有建立现代企业制度，培养核心竞争力，实施品牌赛事战略，做好风险投资的有效管理，克服自身的被害性因素，俱乐部才能预防自身的再次被害。

（4）足球运动员是竞技足球活动的核心和重要参与人，是竞技足球运动最基本的人力资源。在竞技足球职业化过程中，因其职业道德观被变异的功利价值观所取代，以及法治意识的淡薄等自身原因，导致其公平竞赛权和商品化权受到犯罪行为的侵害。运动员只有培养自己良好的职业道德价值观、正确的功利主义价值观和提高自己的法律意识，才能充分克服自身的被害性，不再让自己沦为竞技足球犯罪被害人。

（5）足球球迷是竞技足球职业化过程中最重要的消费主体。足球球迷在中国出现的时间不长，没有形成球迷传统和球迷文化，导致足球球迷做出很多不理智的行为。在球迷用脚投票的巨大压力之下，中国竞技足球市场曾一度接近崩溃。球迷对足球赛事不理智的抛弃行为使自己成为犯罪被害人，其观看真实性纯洁性比赛的权利受到犯罪行为侵害。足球球迷只有培养自己对球队的忠诚意识和对足球运动的价值认同，转变以成败论英雄的错误观念和狭隘的地域足球观念，提高自己的足球审美素质，形成真正的球迷文化，克服自身的被害性，才能使自己不再成为犯罪的被害人。

本书初步研究了竞技足球犯罪中的若干被害人现象，但是仍有很多内容可以进一步研究。如本书对竞技足球犯罪被害人范围的选择不是很周延，对地方各级团体（包括俱乐部所属地政府与一些俱乐部背后的国有企业集团）、媒体，以及教练员、裁判员等被害主体都没有展开论证，另外对所选择被害人主体相关问题的论证也是非常不充分的，需要在今后的工作和学习中进一步研究论证。另外，受到能力的限制，本书对国外竞技足球犯罪被害人的研究不多，所考察的国家资料来源较为单一，本书在此方面挖掘得仍显不够，需在以后的工作、学习中不断探索和研究。此外，由于本人能力有限，只选取了一些有代表性的竞技足球犯罪被害人主体进行分析，如果能够多选取一些被害人主体进行分析则更具说服力。最后，本书的文献资料几乎全部来源于网络，统计数据也几乎是来源于现有研究成果，对上述数据的分析难免有二手数据的缺陷，对分析结果的客观性和原创性有一定影响，在以后的研究中应尽可能使用实证的第一手资料来进行学术研究。

参考文献

一、著作类：

［1］孙道祥，任建明.中国特色反腐倡廉理论研究［M］.北京：中国方正出版社，2012：107.

［2］吴立志.恢复性司法基本理念研究［M］.北京：中国政法大学出版社，2012：126.

［3］吴四江.被害人保护法研究：以犯罪被害人权利为视角［M］.北京：中国检察出版社，2011：134.

［4］任建明，杜治洲.腐败与反腐败：理论、模型和方法［M］.北京：清华大学出版社，2009：159.

［5］赵国玲.中国犯罪被害人研究综述［M］.北京：中国检察出版社，2009：135.

［6］周伟，万毅.刑事被告人、被害人权利保障研究［M］.北京：中国人民公安大学出版社，2009：39.

［7］E.H.萨瑟兰，唐纳德·克雷西，戴维·卢肯比尔.犯罪学原理［M］.吴宗宪，等，译.北京：中国人民公安大学出版社，2009：257-287.

［8］E.H.萨瑟兰.白领犯罪［M］.赵宝成，等，译.北京：中国大百科全书出版社，2008：52.

［9］高铭暄，赵秉志.犯罪总论比较研究［M］.北京：北京大学出版社，2008：57.

［10］张明楷.刑法学［M］.（第3版）.北京：法律出版社，2007：231.

［11］孙昌军，徐绫泽.犯罪类型学研究［M］.长沙：湖南人民出版社，

2007：212.

　　［12］王佳明.互动之中的犯罪与被害：刑法领域中的被害人责任研究
［M］.北京：北京大学出版社，2007：235.

　　［13］张鸿巍.刑事被害人保护的理念、议题与趋势：以广西为实证分析
［M］.武汉：武汉大学出版社，2007：69.

　　［14］马克昌.犯罪通论［M］.武汉：武汉大学出版社，2006：101，
165.

　　［15］韩勇.体育与法律：体育纠纷案例评析［M］.北京：人民体育出版
社，2006：7.

　　［16］王安异.刑法中的行为无价值与结果无价值研究［M］.北京：中国
人民公安大学出版社，2005：212.

　　［17］高铭暄，马克昌.刑法学［M］.北京：北京大学出版社，2005.

　　［18］张绍彦.犯罪学［M］.北京：社会科学文献出版社，2004：61.

　　［19］张明楷.刑法分则的解释原理［M］.北京：中国人民大学出版社，
2004：253.

　　［20］宋浩波.犯罪经济学［M］.北京：中国人民公安大学出版社，
2002：125.

　　［21］赵可，周纪兰，董新臣.一个被轻视的社会群体——犯罪被害人
［M］.北京：群众出版社，2002：153.

　　［22］薛建中，王建政.跳出历史周期率：执政规律与民主法治［M］.北
京：红旗出版社，2002：226-227.

　　［23］种明钊.竞争法学［M］.北京：高等教育出版社，2002：132.

　　［24］郑杭生.社会学概论新修［M］.（第3版）.北京：中国人民大学出版
社，2002：145.

　　［25］袁伟民.体育科学词典［M］.北京：高等教育出版社，2002：12.

　　［26］张明楷.法益初探［M］.北京：中国政法大学出版社，2000：235.

　　［27］阿克顿.自由与权力［M］.侯健，范亚峰，译.北京：商务印书馆，
2001：286.

　　［28］汤卫东.体育法学［M］.南京：南京师范大学出版社，2000：72.

［29］杨春洗.腐败治理论衡［M］.北京：群众出版社，1999：10.

［30］莫洪宪，周良沱.犯罪学概论［M］.北京：中国检察出版社，1999：1.

［31］李芹.社会学概论［M］.山东：山东大学出版社，1999：98.

［32］基佐.欧洲文明史［M］.北京：商务印书馆，1998：142.

［33］杜里奥·帕多瓦尼.意大利刑法学原理［M］.陈忠林，译.北京：法律出版社，1998：212.

［34］时蓉华.新编社会心理学概论［M］.上海：东方出版中心，1998：309.

［35］李建华，周小毛.腐败论：权力之癌的"病理"剖析［M］.湖南：中南工业大学出版社，1997：14.

［36］郭建安.犯罪被害人学［M］.北京：北京大学出版社，1997：182-191.

［37］卢现祥.西方新制度经济学［M］.北京：中国发展出版社，1996：231.

［38］孙国华.马克思主义法理学研究［M］.北京：群众出版社，1996：240.

［39］江平.法人制度论［M］.北京：中国政法大学出版社，1994：1.

［40］汉斯·约阿希姆·施奈德.国际范围内的被害人［M］.许章润，译.北京：中国人民公安大学出版社，1992：257.

［41］哈罗德·J·维特，小杰克·赖特.犯罪学导论［M］.徐淑芳，徐觉非，译.北京：知识出版社，1992：147.

［42］康树华.犯罪学通论［M］.北京：北京大学出版社，1992：357.

［43］汪志芳.反腐败论［M］.浙江：浙江人民出版社，1991：2.

［44］L·科塞.社会冲突的功能［M］.北京：华夏出版社，1989：145-246.

［45］王沪宁.腐败与反腐败［M］.上海：上海人民出版社，1989：19.

［46］张智辉，徐名涓.犯罪被害者学［M］.北京：群众出版社，1989：125.

［47］理查德·昆尼，约翰·威尔得曼.新犯罪学［M］.陈兴良，等，译.北京：中国国际广播出版社，1988：21.

［48］森武夫二.犯罪心理学入门［M］.邵道生，等，译.北京：知识出版社，1988：120-123.

［49］恩里科·菲利.实证派犯罪［M］.北京：中国政法大学出版社，1987：9-10.

［50］A.M.奥马罗夫.社会管理［M］.王四斌，等，译.杭州：浙江人民出版社，1987：8.

［51］张甘妹.犯罪学原理［M］.台北：汉林出版社，1985：1.

［52］孟德斯鸠.论法的精神［M］.张雁深，译.北京：商务印书馆，1961：154.

二、期刊类：

［1］《中国足球改革发展总体方案（全文）》摘录（二）［J］.搏击（体育论坛），2015（6）：2.

［2］《中国足球改革发展总体方案（全文）》摘录之三［J］.搏击（体育论坛），2015（7）：2.

［3］王秀梅，王莉莉.我国足球腐败犯罪主体探讨［J］.法学杂志，2015（1）：67-73.

［4］秦剑杰，李倩，等.我国退役运动员社会保障法律问题探析［J］.河北体育学院学报，2015（1）：29-32.

［5］朱玛.利益平衡视角下体育赛事转播权的法律保护［J］.河北法学，2015（2）：166-174.

［6］徐根宝：为中国足坛哺育未来的种子［J］.职业，2015（1）：13.

［7］金羽西，王艳琼，等.竞技体育赛场上的耻感文化与罪感文化［J］.体育科学研究，2015（4）：27-30.

［8］范卫红.中国职业体育产业垄断：生成逻辑、主体、困境及规制［J］.商，2015（19）：279-282.

［9］夏琼华.恒大足球俱乐部品牌发展研究［J］.广州体育学院学报，

2015（4）：10–12.

［10］梁伟.中国足球职业联赛"政府产权"的界定及其边界约束研究——基于产权由物权关系向行为权利关系演化的理论视角［J］.体育科学，2015（7）：10–17.

［11］路云亭.国家战略：中国足球文化的纵深维度［J］.体育与科学，2015（4）：6–13.

［12］钱侃侃.运动员权利的法理探析［J］.法学评论，2015（1）：191–196.

［13］刘军.品牌的体育营销——《恒大的体育营销模式》［J］.搏击（武术科学），2015（7）：112–114.

［14］周正卿.职业体育联盟的竞争均衡测度及指标选择［J］.当代体育科技，2015（16）：157–158，161.

［15］罗腾香，王兆红.基于KPI浅谈我国职业足球俱乐部运动员的考核体系管理［J］.青少年体育，2015（7）：13–14.

［16］高峰.足球改革：上升为国家战略［J］.新产经，2015（5）：24–25.

［17］梁健辉，陈瑶.我国职业俱乐部实施产业化发展战略分析研究［J］.体育世界（学术版），2015（6）：15–18.

［18］陈冬亮.体育与社会情绪的关系研究［J］.四川体育科学，2015（3）：48–52.

［19］何志均，吴珠才.广州恒大亚冠主场球迷调查与分析［J］.体育科技文献通报，2015（6）：30–31，46.

［20］侯海燕.体育赛事转播权法律问题研究［J］.西安体育学院学报，2015（1）：22–26.

［21］李伟，等.对中国足球职业联赛竞争平衡机制的思考——基于"恒大模式"对联赛竞争平衡的冲击［J］.体育学刊，2015（1）：23–27.

［22］梁伟，梁柱平.基于历史与现实逻辑起点的我国男足职业化改革博弈演化轨迹研究［J］.河北体育学院学报，2015（1）：1–4.

［23］汤静.中国足球职业联赛的价值认同危机及其消解策略［J］.管理

工程师，2015（2）：29–33.

［24］张涛.我国足球职业联赛文化建设的研究［J］.当代体育科技，2015（7）：200–201.

［25］姬庆，陈元欣等.基于财务分析的中国职业足球俱乐部营利现状及对策研究［J］.体育科研，2015（1）：70–75.

［26］梁雅茹.我国职业足球俱乐部投资主体发展状况分析［J］.现代交际，2015（3）：41–42.

［27］马宁.职业足球俱乐部品牌管理思考［J］.体育文化导刊，2015（2）：135–138.

［28］金瑞静.集体身份认同视域下中英足球球迷文化的比较研究［J］.体育与科学，2015（2）：68–74.

［29］王家忠，李刚.恒大模式对我国职业足球发展的理性思考［J］.辽宁体育科技，2015（1）：4–6.

［30］王先亮，等.体育产业反垄断与规制研究综述［J］.吉林体育学院学报，2015（1）：15–19.

［31］克劳斯 – 威尔海姆·卡纳里斯，等.基本权利与私法［J］.比较法研究，2015（1）：171–195.

［32］康均心，刘莉.论我国足球贿赂犯罪被害人特征［J］.理论月刊，2015（3）：107–113.

［33］秦剑杰，等.我国退役运动员社会保障法律问题探析［J］.河北体育学院学报，2015（1）：29–32.

［34］朱玛.利益平衡视角下体育赛事转播权的法律保护［J］.河北法学，2015（2）：166–174.

［35］王冰，等.世俗运动的宗教性：球迷狂热的动因与文化表达——以足球项目为例［J］.体育与科学，2014（5）：59–62.

［36］刘苏，张林.中国职业足球腐败行为的理性审思——基于公共权利寻租的视角［J］.吉林体育学院学报，2014（4）：13–19.

［37］马德隆.基于消费者行为学的职业足球俱乐部品牌研究［J］.唐山师范学院学报，2014（2）：89–91.

［38］谢奇.解读足球赛场的球迷标语［J］.体育文化导刊，2014（3）.

［39］冯瑞.体育迷的身份认同维度研究［J］.成都体育学院学报，2014（11）：50-55.

［40］杨静梅，孙东辉.体育赛事赞助与消费者偏好研究［J］.现代交际，2014（10）：118.

［41］郭树理，宋雅馨.法律视野下竞技体育的概念：以美国法律实践为视角［J］.武汉体育学院学报，2014，18（5）：46.

［42］谭淼.我国足球球迷文化发展的影响因素及其建设路径研究［J］.沈阳体育学院学报，2014（1）：32-36.

［43］梁斌，等.集体认同传承与商业利润最大化矛盾下的英国足球球迷研究［J］.成都体育学院学报，2014（3）：17-23.

［44］万益.中国传统价值观对职业体育赛事的消极影响［J］.吉林省教育学院学报（上旬），2014（12）：137-140.

［45］马淑琼，等.中超职业足球俱乐部球迷认同及其购买行为分析［J］.体育文化导刊，2014（3）：122-125.

［46］张训.体育犯罪样态演化研究［J］.犯罪研究，2014（5）：18-25.

［47］陈志斌，等.中国足球超级联赛球迷观赛动机与购买行为关系研究［J］.沈阳体育学院学报，2014（6）：39-44.

［48］王博.职业足球赛事的法律属性及其外部法律关系［J］.哈尔滨体育学院学报，2014（6）：19-23.

［49］钟云越.基于俱乐部角度谈中超联赛可持续性发展［J］.福建体育科技，2014（5）：7-10.

［50］王博.足球赛事产品消费中的法律关系研究［J］.中国学校体育（高等教育），2014（8）：16-20.

［51］刘玲灵，王伟达.竞技体育伦理重构及其价值回归问题研究［J］.沈阳体育学院学报，2013（4）：135-136.

［52］郭恒涛，李艳翎.传统义利观下当代竞技体育伦理观优化分析［J］.伦理学研究，2013（3）：90-93.

［53］马德隆.职业足球俱乐部竞争力、绩效与品牌战略研究［J］.赤峰

学院学报（自然科学版），2013（15）：187–189.

［54］辛琼.浅析市场经济下运动员职业道德失范［J］.科技视界，2013（33）：310，315.

［55］范成文，等.我国足球裁判执法权威的消解与重塑路径［J］.中国体育科技，2013（3）：56–64.

［56］刘苏，张林.中国职业足球"管办分离"改革的逻辑分析：从质疑与反思到完善与创新［J］.成都体育学院学报，2013（11）：52–58.

［57］饶军.中国足球超级联赛观众人数与上座率研究［J］.运动，2013（1）：33–34，36.

［58］贾健，刘红建.论体育犯罪所侵犯的同类法益［J］.体育与科学.2012，33（6）：35–38.

［59］于永慧.中国职业体育制度改革的动力与路径［J］.体育与科学，2013（1）：42–45，33.

［60］龚波.足球改革进程中的利益冲突与兼容［J］.武汉体育学院学报，2013（2）：65–71.

［61］刘宗祥.试论足球球迷文化［J］.体育文化导刊，2013（9）：156–158.

［62］谭刚，易剑东.中国职业足球联赛的产品属性研究［J］.体育科学，2013（9）：29–35.

［63］童敏.流动人口刑事被害人及被害预防［J］.犯罪研究：2013（3）：57.

［64］陈建霞，等.职业体育联赛的竞争机制研究［J］.北京体育大学学报，2012（3）：141–145.

［65］郑伟.我国职业足球市场中球员和球迷经济行为的逻辑分析［J］.体育科技文献通报，2012（1）：104–106.

［66］龚波.制度变迁：中国足球职业化改革的动因、进程与反思［J］.体育学刊，2012（1）：25–30.

［67］郑志强.中国职业足球：过度竞争、财政平衡与政策选择［J］.武汉体育学院学报，2012（11）：37–40，71.

［68］李向前，侯会生.我国职业足球联赛球迷观赛的主要影响因素分析［J］.北京体育大学学报，2012（10）：140-144.

［69］侯会生，李向前.职业足球市场秩序的内涵和理想状态［J］.体育科学研究，2012（5）：54-57.

［70］邱雨.中国足球运动员广告形象群体变迁引发的原因分析［J］.科技信息，2012（30）：322-324.

［71］王淑清.职业足球俱乐部品牌体验研究［J］.体育与科学，2012（3）：57-60.

［72］陈书睿.论运动员公平竞争权：法学的视角［J］.武汉体育学院学报，2011（8）：11-13

［73］翁建锋.我国职业足球竞赛市场秩序研究［J］.体育文化导刊，2011（5）：14-16，21.

［74］陈东鹏，邱辉.关于足球球迷骚乱现象的社会学分析［J］.河南科技学院学报，2011（5）：56-58.

［75］李四君.我国职业足球领域商业贿赂的社会危害及其治理［J］.长江大学学报（社会科学版），2011（3）：49-50.

［76］马晓宁.中国男足运动员职业道德失范的原因分析［J］.山西师大体育学院学报，2011（S1）：17-18.

［77］包呼和，王爱民.足球俱乐部品牌及其周期管理［J］.体育与科学，2011（6）：96-98.

［78］郑国荣，谢忠萍.中国职业足球俱乐部产权变更的原因分析［J］.北京体育大学学报，2011（10）：24-27.

［79］刘波，邹玉玲.论信任危机下的中国足球职业联赛品牌重建［J］.西安体育学院学报，2011（5）：551-554.

［80］陈宗弟，等.构建以诚信文化为核心的足球软实力：基于足坛打假反黑风暴的思考［J］.武汉体育学院学报，2011（7）：21-24，47.

［81］蔡陵江，王杰.我国职业足球发展进程及对策研究［J］.河北体育学院学报，2011（4）：73-75.

［82］张赛宜.论被害性、犯罪动机与被害预防［J］.政法学刊，2011

（2）：35–38.

［83］王海桥，吴邺光.刑法中的被害人基本理论界定［J］.广西社会科学，2011（3）：71–75.

［84］冯少兵，李荣日.职业足球俱乐部形象研究［J］.体育文化导刊，2010（1）：62–66.

［85］孙健，等.社会转型期我国职业足球运动员行为监管研究［J］.成都体育学院学报，2010（12）：12–15.

［86］宋昱，张建锋.足球职业化进程中的利益问题研究［J］.北京体育大学学报，2010（8）：42–45.

［87］杨雷，王静宜.中国足球文化发展轨迹的异化及其本位回归诉求［J］.沈阳体育学院学报，2010（4）：43–45.

［88］朱军凯.我国职业足球联赛违规违纪问题分析［J］.浙江师范大学学报（自然科学版），2010（3）：351–355.

［89］罗嘉司.竞技体育犯罪原因论［J］.武汉体育学院学报：2010（6）：33–37.

［90］高巍.中国职业足球俱乐部的经营现状及发展对策研究［J］.山东体育学院学报，2010（1）：28–32，36.

［91］康均心.我国体育犯罪研究综述［J］.武汉体育学院学报：2010（4）：5–11.

［92］王冬舟，刘丹.论中国职业足球认同危机及治理［J］.中国体育科技，2009（3）：30–32，37.

［93］丛湖平，石武.我国职业足球运动员转会制度研究［J］.体育科学，2009（5）：32–39.

［94］周驰.足球球迷现象形成的社会学分析［J］.科技信息，2009（36）：3–4.

［95］郑明，等.我国职业足球俱乐部利益群体的特征和利益诉求［J］.上海体育学院学报，2009（3）：1–5，15.

［96］郑芳，杜林颖.欧美职业体育联盟治理模式的比较研究［J］.体育科学，2009（9）：36–41.

［97］郑芳，丛湖平．职业体育俱乐部竞争实力均衡的基本假设及度量［J］．体育科学，2009（7）：29-36，77．

［98］徐春江，等．中国职业足球俱乐部主要三大收入来源分析研究［J］．新疆师范大学学报（自然科学版），2009（2）：91-96．

［99］康均心，夏靖．体育犯罪研究论纲［J］．河南公安高等专科学校学报，009（1）：29．

［100］康均心，夏靖．竞技体育犯罪人研究［J］．河南公安高等专科学校学报，2009（1）：21

［101］罗嘉司．竞技体育犯罪论：以犯罪学为视角［J］．武汉体育学院学报，2008，42（7）：48-54．

［102］苏贵斌，等．我国职业足球俱乐部品牌危机的社会心理学解析［J］．首都体育学院学报，2008（1）：13-15．

［103］李磊．论我国足球产业化进程中足球精神的缺失［J］．南京体育学院学报（社会科学版），2008（4）：62-65．

［104］燕成．歧异与救赎：中国足球文化的重建［J］．广州体育学院学报，2008（3）：35-38．

［105］邹一南，等．中国足球职业化的经济学分析［J］．西安体育学院学报，2008（4）：41-45．

［106］方升，等．乡土情谊与中庸之道思想对中国足球球迷的影响［J］．西安文理学院学报（社会科学版），2008（4）：117-119．

［107］刘勇，方升．谈中国球迷对现代足球运动的价值认同［J］．西安文理学院学报（社会科学版），2008（1）：101-103．

［108］谭华，杨俊涛．中国的职业足球联赛与足球改革［J］．体育文化导刊，2008（1）：59-62．

［109］黄世席．从国际体育仲裁院裁决谈体育运动国籍问题［J］．武汉体育学院学报，2007（5）：7．

［110］刘冰，闫冰．国内外职业足球俱乐部经营模式的比较分析［J］．体育世界（学术版），2007（2）：50-54．

［111］张力，束景丹．足球"黑哨"二元视角分析［J］．北京体育大学学

报，2007（2）：279-280.

［112］史立峰，汤卫东 . 抑制我国职业足球不正之风的对策——以意甲"电话门"事件为鉴［J］. 体育学刊，2007（1）：31-33.

［113］谭涌，等 . 足球重点城市球迷观赛动机分析研究［J］. 成都体育学院学报，2007（2）：60-63.

［114］吴俊生，陈元欣，等 . 我国职业足球俱乐部股份制改造研究［J］. 西安体育学院学报，2007（1）：13-16.

［115］王晟宇，袁微 . 建设中超足球联赛品牌［J］. 沿海企业与科技，2007（4）：121-123.

［116］苏贵斌 . 职业足球俱乐部职业道德建设构想：一个利益相关者的视角［J］. 广州体育学院学报，2007（5）：91-94.

［117］毕波 . 球迷文化内涵基本构成要素探析［J］. 体育与科学，2007（5）：68-70，67.

［118］侯会生 . 职业足球的内涵和特征研究［J］. 体育文化导刊，2007（10）：60-63.

［119］徐波，等 . 职业足球俱乐部会员与非会员球迷主场比赛消费忠诚度比较［J］. 天津体育学院学报，2007（5）：413-416，429.

［120］顾晨光 . 我国职业足球俱乐部短期行为的成因与应对策略［J］. 体育科技文献通报，2007（9）：17-19，29.

［121］谭苏铭 . 对中国足球职业联赛市场运作若干问题的思考［J］. 南京工程学院学报（社会科学版），2007（1）：7-10.

［122］赵伟 . 我国足球文化研究的现状［J］. 体育世界（学术版），2007（4）：83-85.

［123］杨一民 . 对现阶段我国职业足球走向的初步探讨［J］. 体育文化导刊，2007（4）：3-6.

［124］肖锋，等 . 论我国足球职业联赛的道德建设［J］. 山东体育学院学报，2007（3）：16-19+25.

［125］谭刚 . 职业足球运动员薪酬问题探析［J］. 体育学刊，2006（1）：33-35.

［126］刘庆青.对我国足球俱乐部市场开发的思考［J］.体育与科学，2006（1）：76-78.

［127］张孝平，等.中国职业足球俱乐部现状研究［J］.北京体育大学学报，2006（4）：457-459.

［128］刘勇，朱罗敬.当前中国职业足球联赛中政府的作为与不作为［J］.体育学刊，2006（2）：37-39.

［129］胡承志.英国足球球迷文化探讨［J］.体育文化导刊，2006（8）：73-75.

［130］舒成利，周小杰.从利益相关者管理理论看我国职业足球产业的发展［J］.成都体育学院学报，2006（3）：21-24.

［131］刘洪春.中超球迷流失的原因及对策研究［J］.辽宁体育科技，2006（2）：24-25，41.

［132］朱志东，郑新华.球迷文化的思考［J］.山西科技，2006（1）：94-95.

［133］万年生，刘庆青.我国足球俱乐部的发展与市场开发之研究［J］.南京体育学院学报（社会科学版），2006（1）：20-23.

［134］张玉道.中国职业足球俱乐部陷入发展困境的原因探究：缺乏核心竞争力［J］.南京体育学院学报（社会科学版），2006（1）：1-4.

［135］傅道华，等.球迷的经济文化功能与越轨行为成因和预防对策研究［J］.中国体育科技，2006（6）：33-37.

［136］梁维卿，王岗.问题时代的中国足球联赛——从"中超裸奔"现象透视中国足球联赛之殇［J］.山西师大体育学院学报，2006（4）：101-104.

［137］郑家鲲，沈建华.影响我国职业足球运动员职业道德的因素及对策［J］.上海体育学院学报，2006（2）：65-68.

［138］顾晨光.中国职业足球俱乐部成长与运动项目管理体制的完善［J］.武汉体育学院学报，2006（6）：36-40.

［139］顾晨光.中国职业足球俱乐部联盟建立的必要性［J］.体育学刊，2006（5）：124-128.

［140］侯玲玲，王全兴.我国职业足球运动员的劳动者地位和劳动法保护

［J］.当代法学，2006（4）：34-41.

　　［141］雷旭.中英职业足球俱乐部主要经济来源对比分析［J］.西安体育学院学报，2006（5）：37-39，93.

　　［142］张建荣.刍议犯罪被害人的被害性［J］.求实，2006（1）：15.

　　［143］张祥府.中国职业足球俱乐部存在的问题探析［J］.沈阳师范大学学报（自然科学版），2005（3）：320-322.

　　［144］柴亚东.我国职业足球体制现状分析及其改革对策［J］.商场现代化，2005（18）：199.

　　［145］王松岩，蔡衍.对我国职业足球俱乐部发展现状的分析研究［J］.湖北体育科技，2005（4）：427-429.

　　［146］高艳丽，唐文兵.我国职业足球联赛赛场秩序存在的问题与规范措施［J］.上海体育学院学报，2005（3）：17-21.

　　［147］陆小聪，刘宏森.球迷文化与社会整合："体育和社会"对话之一［J］.体育科研，2005（2）：5-9.

　　［148］刘然，闫翠萍，章颖.足球文化的传播解读［J］.青年记者，2005（2）：55-57.

　　［149］陈永新.中国职业足球俱乐部经营初探［J］.成都体育学院学报，2005（2）：24-27.

　　［150］罗晟，钟天朗.中国职业足球俱乐部会员制现状及其发展规划研究［J］.体育科研，2005（4）：38-40.

　　［151］李克.当前中国职业足球的利益冲突与均衡［J］.山东体育科技，2005（4）：28-30.

　　［152］廖建华，吴国亮.我国职业足球俱乐部市场经营运作初探［J］.企业家天地，2005（11）：40-41.

　　［153］朱菊芳.论我国职业足球联赛的品牌战略［J］.商场现代化，2005（26）：121-122.

三、博士学位论文：

　　［1］刘巍.转型期我国体育诚信缺失研究［D］.长春：吉林大学，2015.

［2］李玥.中国足球治理与发展策略研究［D］.天津：天津大学，2014.

［3］王良玉.转型期中国竞技体育腐败问题研究［D］.北京：北京体育大学，2013.

［4］李云广.日本足球职业化管理体制研究［D］.北京：北京体育大学，2013.

［5］陈书睿.优秀运动员权利的法学研究［D］.上海：上海体育学院，2012.

［6］崔鲁祥.中国职业体育利益相关者分析及协同治理——职业篮球、足球实证［D］.北京：北京体育大学，2012.

［7］赵荣瑞.中国大陆与日本足球职业化研究［D］.北京：北京体育大学，2011.

［8］张彩红.竞技体育犯罪法律治理研究［D］.北京：北京体育大学，2011.

［9］王晨宇.中国竞技体育发展的负义伴生现象及约束机制理论的系统构建［D］.北京：北京体育大学，2009.

［10］陈浩.我国职业足球监管制度研究［D］.北京：北京体育大学，2008.

［11］罗嘉司.竞技体育犯罪研究：以犯罪学为视角［D］.长春：吉林大学，2006.

［12］韩勇.体育纪律处罚研究［D］.北京：北京体育大学，2006.

［13］石泉.竞技体育刑法制约论［D］.长春：吉林大学，2004.

［14］张剑利.职业体育联盟及其相关法律研究［D］.北京：北京体育大学，2004.

［15］赵芳.对我国体育产业立法的研究［D］.北京：北京体育大学，2002.

四、硕士学位论文：

［1］张宗友.从中日体育文化差异看中国足球文化的本位回归［D］.北京：首都体育学院，2015.

［2］杨希誉.中国职业足球联赛中的垄断行为及法律规制［D］.昆明：云南大学，2015.

［3］郭斐.中国足球超级联赛制度变迁的理论研究［D］.北京：首都体育学院，2015.

［4］万亚蒙.中国足球超级联赛中不同组织的文化研究［D］.北京：首都体育学院，2015.

［5］张洋.中国职业足球"假赌黑腐"问题的研究［D］.上海：上海体育学院，2014.

［6］王金鲁.中外足球联赛电视转播权开发比较分析［D］.上海：上海体育学院，2014.

［7］王君.足球产业发展中的政府角色定位研究［D］.杭州：浙江财经大学，2014.

［8］马淑琼.基于球迷认同的我国职业足球俱乐部本土化建设研究［D］.上海：上海体育学院，2014.

［9］王孟.自媒体时代中超职业足球俱乐部社会化营销策略研究［D］.上海：上海体育学院，2014.

［10］王炳南.中国职业足球联赛道德风险评价指标体系研究［D］.上海：上海体育学院，2014.

［11］张也.对我国足球腐败的研究与思考［D］.北京：北京体育大学，2014.

［12］朱朋.足球比赛中共同受贿问题研究［D］.北京：中国政法大学，2014.

［13］闫建元.中国足球反腐案的法律分析［D］.石家庄：河北经贸大学，2013.

［14］高磊.试论中国足球协会的性质及法律地位［D］.北京：中央民族大学，2013.

［15］孟嘉怡.惩治中国足球腐败的法律适用思考［D］.长沙：湖南师范大学，2013.

［16］陈江南.对足球运动中公平竞争精神与行为的研究［D］.温州：温

州大学，2013.

　　［17］钟华.中国男子足球职业联赛赛场秩序建设及其实现机制研究［D］.大连：辽宁师范大学，2013.

　　［18］刘佳.中国职业足球腐败的哲学思考［D］.长沙：湖南大学，2012.

　　［19］连昕.中国足球职业化研究［D］.石家庄：河北师范大学，2012.

　　［20］张波.法律视阈下的中国职业足球经营管理体制研究［D］.兰州：兰州大学，2012.

　　［21］杜琳琳.足球职业联赛商业贿赂犯罪研究［D］.烟台：烟台大学，2011.

　　［22］李赟乐.中国足球协会法律主体地位研究［D］.北京：中国政法大学，2011.

　　［23］李岩.中国足球职业联赛制度体系的问题研究［D］.苏州：苏州大学，2011.

　　［24］郝政文.对我国职业足球劳动关系的法律思考［D］.济南：山东大学，2010.

　　［25］王野.国内足球职业联赛"假球"现象成因的分析［D］.长春：吉林大学，2010.

　　［26］范辰.我国竞技体育犯罪的现状及对策研究［D］.武汉：武汉体育学院，2009.

　　［27］唐芝华.论犯罪被害预防［D］.湘潭：湘潭大学，2009.

　　［28］杨磊.影响中国足球职业联赛发展的主要因素分析及对策研究［D］.南京：南京师范大学，2008.

　　［29］郑振友.论中国足球职业联赛中的信任缺失与信任重建［D］.开封：河南大学，2008.

　　［30］邹鸿.体育犯罪问题研究［D］.重庆：西南政法大学，2007.

　　［31］张丽.中国足球协会自治及规制的研究［D］.济南：山东大学，2007.

　　［32］唐鹏.中国职业足球管理体制研究［D］.南京：河海大学，2006.

〔33〕高山桂.影响我国职业足球联赛的相关因素分析及对策研究〔D〕.南京：南京师范大学，2006.

〔34〕张斌.关于中国足球"黑哨"的刑法分析〔D〕.北京：中国政法大学，2005.

〔35〕王辉.中国足球职业化进程中法治建设若干问题的研究〔D〕.上海：华东师范大学，2005.

后 记

　　本书要付诸出版了，此刻的我战战兢兢——既有对自己学术水平的不自信，也有准备接受来自各界批评指正声音的坦然和决心。本书所有不足都是我自己的，所有的成就都属于指导我完成博士论文的指导老师和所有被引用参考文献的作者，并在此向他们表示最真诚的感谢。

　　感谢我的博士生导师康均心教授，感谢他对我学术上的包容和信任，感谢他栽培并成就了今天的我；感谢贵州大学法学院为本书的出版提供资助；感谢知识产权出版社对本书出版的大力支持；感谢王辉编辑对本书出版所作的辛勤工作；感谢我的父母和所有家人；感谢所有关心、帮助和支持我的朋友。

刘莉

2018 年 8 月 17 日